suhrkamp taschenbuch 950

Gemeinsame Leitthemen der in diesem Band enthaltenen drei Studien sind die Ursprünge des Selbstverlustes und Wege der Selbstfindung. Das Drama des begabten, das heißt sensiblen, wachen Kindes besteht darin, daß es schon sehr früh Bedürfnisse seiner Eltern spürt und sich ihnen anpaßt, indem es lernt, seine intensivsten, aber unerwünschten Gefühle *nicht zu fühlen*. Obwohl diese »verpönten« Gefühle später nicht immer vermieden werden können, bleiben sie doch *abgespalten*, das heißt: der vitalste Teil des wahren Selbst wird nicht in die Persönlichkeit integriert. Das führt zu emotionaler Verunsicherung und Verarmung *(Selbstverlust)*, die sich in der *Depression* ausdrücken oder aber in der *Grandiosität* abgewehrt werden. Die angeführten Beispiele sensibilisieren für das nicht artikulierte, hinter Idealisierungen verborgene Leiden des Kindes wie auch für die Tragik der nicht verfügbaren Eltern, die einst selbst *verfügbare* Kinder gewesen sind.
Alice Miller hat eine in vielen Jahren psychoanalytischer Tätigkeit erworbene reiche Erfahrung verdichtet und außerordentlich klar formuliert.

Alice Miller

Das Drama des begabten Kindes und die Suche nach dem wahren Selbst

Suhrkamp

suhrkamp taschenbuch 950
Erste Auflage 1983

Suhrkamp Taschenbuch Verlag

Druck: Ebner Ulm
Printed in Germany
Umschlag nach Entwürfen von
Willy Fleckhaus und Rolf Staudt

10 11 12 – 90 89 88

INHALT

Über die Verachtung

VORWORT

»Wenn ein Narr einen Stein ins Wasser wirft«, sagt ein altes Sprichwort, »dann können ihn hundert Gescheite nicht herausholen.« Darin spiegelt sich die Verzweiflung des Gescheiten angesichts der Dummheit. Aber ein unbefangenes Kind, das noch nicht verlernt hat, in Bildern zu denken, könnte vielleicht fragen: Warum müssen sich denn die hundert Gescheiten so anstrengen, um diesen einen Stein herauszuholen, wenn doch die Welt voller Steine ist? Warum schauen sie sich nicht um? Vielleicht fänden sie dann neue Schätze, die ihnen entgehen, während sie so eifrig und vergeblich im Wasser suchen?

Ähnlich scheint es uns mit dem Wort »Narzißmus« zu gehen. Wie kaum ein anderes als wissenschaftlicher Begriff gebrauchtes Wort hat es Eingang in die Alltagssprache gefunden, aus der es nun für die Wissenschaft schwer zu retten ist. Und wir geraten immer deutlicher in einen seltsamen Teufelskreis: je mehr und je redlicher sich die Psychoanalytiker bemühen, den Begriff »Narzißmus« zu vertiefen, zu erhellen und zu differenzieren, um ihn in ihrer Wissenschaft verwenden zu können, um so anziehender wird er – auch für die Alltagssprache –, wodurch er ein so hohes Maß an Vieldeutigkeit gewonnen hat, daß er für eine präzise psychoanalytische Begriffsbildung kaum mehr zu gebrauchen ist.

Mit dem Wort »Narzißmus« in der Substantivform kann nach Belieben sowohl ein *Zustand*, ein *Entwicklungsstadium*, ein *Charakterzug*, als auch eine *Krankheit* bezeichnet werden. Am ehesten eignet sich deshalb das Wort noch als Adverb oder Adjektiv, dann läßt sich durch Ergänzungen einigermaßen präzisieren, was damit gemeint ist. Neben der Vieldeutigkeit, die das Wort bereits in der Fachliteratur kennzeichnet, erhält es von der Alltagssprache eine zusätzliche emotionale Färbung. So haften an ihm die Bedeutungen von: »in sich verliebt«, »ständig mit sich beschäftigt«, »egozentrisch«, »zur Objektliebe nicht fähig«, »egoistisch«. Sogar Psychoanalytiker sind von dieser negativen emotionalen Wertung nicht immer frei, auch wenn sie versuchen, dem Wort »Narzißmus« Neutralität zu verschaffen.

Bleiben wir aber eine Weile bei der negativen Bewertung. Was ist eigentlich Egoismus? Der fünfzehnjährige Gymnasialschüler Freud schrieb in sein Aphorismenheft, der schlimmste Egoist sei der Mensch, dem es noch nie in den Sinn gekommen ist, daß er ein Egoist sei. Viele Menschen erreichen diese Weisheit des fünfzehnjährigen Freud nicht einmal im hohen Alter und glauben wirklich, daß sie ohne eigene Bedürfnisse sind, nur weil sie sie nicht kennen.

Unsere Verachtung für den »Egoisten« beginnt sehr früh. Ein Kind, das die bewußten oder unbewußten Wünsche der Eltern erfüllt, ist ein »gutes« Kind; wenn es sich aber weigert, dies immer zu tun und eigene Wünsche hat, die den elterlichen zuwiderlaufen, wird es als egoistisch und rücksichtslos bezeichnet. Den Eltern fällt es meistens nicht ein, daß sie das Kind brauchen, damit es *ihre* (egoistischen?) *Wünsche* erfülle, sondern sie sind des festen Glaubens, daß sie es erziehen müssen, weil es ihre Pflicht sei, ihm bei der »Sozialisation« zu helfen. Will ein so erzogenes Kind die Liebe der Eltern nicht verlieren (und welches Kind kann sich das leisten?), so wird es sehr früh »teilen«, »geben«, »Opfer bringen« und »verzichten« lernen, lange bevor ein echtes Teilen und ein wahrer Verzicht überhaupt möglich geworden sind. Ein Kind, das neun Monate lang gestillt wurde, will nicht mehr an der Brust trinken, man muß es nicht erst dazu erziehen, auf die Brust zu »verzichten«. Ein Kind, das lange genug »egoistisch«, »habgierig«, »asozial« sein durfte, bekommt von selbst einmal *spontane Freude am Teilen und Geben*; ein für die Bedürfnisse der Eltern »erzogenes« Kind erlebt diese Freude vielleicht nie, auch wenn es mustergültig und pflichtbewußt teilt und gibt und darunter leidet, daß die anderen nicht auch so »gut« sind wie es selbst. So erzogene Erwachsene werden versuchen, ihren eigenen Kindern diesen »Altruismus« wieder so schnell wie möglich »beizubringen«, was bei begabten

Kindern sehr leicht ist. Aber um welchen Preis!
Das Wort »Egoismus« verliert seine Eindeutigkeit, wenn man genauer hinschaut. Ähnlich verhält es sich mit dem »Respekt für die Anderen«, den man oft den »ichbezogenen« Menschen abspricht. Wenn eine Mutter sich selbst und ihr Kind vom ersten Tag seines Lebens an respektieren kann, braucht sie dem Kind niemals »Respekt beizubringen«, es wird gar nicht anders können, als sich und den anderen Menschen ernstzunehmen. Aber eine Mutter, die seinerzeit von ihrer Mutter nicht als das, was sie war, ernstgenommen wurde, wird versuchen, sich mit Hilfe der Erziehung Respekt zu verschaffen. Die tragischen Schicksale eines solchen »Respekts« werden in diesem Buch beschrieben.
Auch die anderen moralisierenden Bewertungen verlieren ihre Selbstverständlichkeit, wenn man ihrem Ursprung nachgeht.
Die übliche Gegenüberstellung von Selbstliebe und Objektliebe entspringt der naiven, unkritischen Alltagssprache. Auf dem Boden einer reflektierenden Haltung ist es nämlich undenkbar, daß man andere Menschen wirklich liebt (und nicht nur braucht), wenn man sich selber so, wie man ist, nicht lieben kann. Und wie soll man das können, wenn man von Anfang an nicht die Möglichkeit hatte, seine eigenen wahren Gefühle zu leben und sich so zu erfahren.

Den meisten sensiblen Menschen bleibt ihr wahres Selbst tief und gründlich verborgen. Wie kann man etwas lieben, das man nicht kennt und das nie geliebt worden ist? Viele begabte Menschen leben völlig ahnungslos über ihr wahres Selbst, vielleicht verliebt in ihr idealisiertes, angepaßtes, falsches Selbst – es sei denn, die Depression signalisiert ihnen den Verlust, oder sie werden in der Psychose brüsk mit ihrem wahren Selbst konfrontiert, dem sie wie einem Fremden hilflos ausgeliefert sind.

In den folgenden drei Aufsätzen, in denen ich den Ursprüngen des Selbstverlustes näherzukommen versuche, verzichte ich bei der Beschreibung von klinischen Bildern auf den Begriff »Narzißmus«. Ich spreche nur gelegentlich vom gesunden Narzißmus, um den Idealfall einer genuinen Lebendigkeit, eines freien Zugangs zum wahren Selbst, zu den echten Gefühlen, zu bezeichnen. Im Gegensatz dazu steht die »narzißtische Störung«, d. h. die *»Isolierhaft« des wahren Selbst* im Gefängnis des falschen, die ich aber nicht als Krankheit, sondern als *Tragik* verstanden wissen möchte. Es ist u. a. ein Interesse dieses Buches, von wertenden, isolierenden und deshalb diskriminierenden Begriffen loszukommen.

In der Hoffnung, die gröbsten Mißverständnisse vermeiden zu können, möchte ich klarstellen, daß meine Gedanken über Entstehung und Behandlung narzißtischer Störungen in keinem Gegensatz zur Triebtheorie stehen. Die Freudsche Entdeckung der kindlichen Sexualität und seine Studien über Triebschicksale, die von Abraham, Ferenczi u. a. fortgesetzt wurden, behalten für mich ihre Gültigkeit.* Aber die Arbeit an den Triebkonflikten des Patienten setzt ein lebendiges wahres Selbst als *Subjekt der Triebwünsche* voraus. Das scheint unseren Patienten zu fehlen. Wenn ich auf die letzten zwanzig Jahre meiner Tätigkeit mit dem heutigen Verständnis für die Zusammenhänge zurückblicke, kann ich keinen Analysanden finden, bei dem die Fähigkeit, seine echten Gefühle zu erleben, nicht in hohem Maße beeinträchtigt gewesen wäre. Ohne diese Basis bleibt aber jede »Verarbeitung« der Triebkonflikte illusorisch, d. h. sie vergrößert das intellektuelle Wissen des Patienten und stärkt unter Umständen seine Abwehr, ohne seine Gefühlswelt zu tangieren. Schlägt man aber zunächst den Weg ein, den uns z. B. die Arbeiten von Winnicott eröffnen, dann gewinnt der Patient mit seiner Lebendigkeit auch seine *Erlebnisfähigkeit* wieder und kann sich dann den verdrängten Triebkonflikten aussetzen, die nun mit Sicherheit von selbst auftauchen und mit größter Intensität erlebt werden.

Wenn ich also in den drei Aufsätzen u. a. versuche, meine Art des Umgangs mit narzißtischen Störungen zu schildern, so ist damit keine Alternative zur klassischen Psychoanalyse gemeint, sondern im Gegenteil: es wird *im Rahmen der Psychoanalyse* ein Weg gesucht, auf dem der Patient seine früh verlorene authentische Lebendigkeit wiedergewinnen und sein wahres Selbst finden kann.

* [Zusatz 1981]: Vgl. dazu jetzt A. Miller, *Du sollst nicht merken. Variationen über das Paradies-Thema* (1981), S. 66: »Als ich das *Drama* geschrieben habe, meinte ich noch, daß sich Freuds Triebtheorie mit meinen Erfahrungen verbinden ließe, und sah meinen Beitrag zur Behandlung narzißtischer Störungen als eine in vielen Fällen notwendige Vorarbeit für die Behandlung von »Konfliktneurosen«. Je intensiver ich mich aber mit den theoretischen Konsequenzen meiner Erfahrungen befasse, je genauer und unvoreingenommener ich andererseits die überlieferten theoretischen Konzepte auf ihren Erfahrungsgehalt prüfe, je deutlicher mir ihre Funktion im ganzen Gefüge der gesellschaftlichen Verdrängung hervorzutreten scheint, um so mehr zerbröckelt für mich die Gültigkeit der Freudschen Triebtheorie und um so dringlicher wird mein Bedürfnis nach Abgrenzung.«
Vgl. zu dieser Entwicklung auch *Am Anfang war Erziehung* (1980).

Das Drama des begabten Kindes und die narzißtische Störung des Psychoanalytikers

EINLEITUNG

Die Erfahrung lehrt uns, daß wir im Kampf mit den seelischen Erkrankungen auf die Dauer nur ein einziges Mittel zur Verfügung haben: die Wahrheit unserer einmaligen und einzigartigen Kindheitsgeschichte emotional zu finden und sie anzunehmen. Ob wir uns mit Hilfe der Psychoanalyse von Illusionen ganz freimachen können? Die Geschichte zeigt, daß Illusionen sich überall einschleichen, jedes Leben ist voll davon, wohl weil die Wahrheit oft unerträglich wäre. Und doch ist die Wahrheit für viele Menschen so unentbehrlich, daß sie ihren Verlust mit schweren Erkrankungen bezahlen. Auf dem Weg der Analyse versuchen wir, in einem langen Prozeß unsere persönliche Wahrheit zu entdecken, die, bevor sie uns den neuen Freiheitsraum schenkt, immer schmerzt – es sei denn, wir begnügen uns mit dem bereits konzeptualisierten, intellektuellen Wissen, das auf schmerzhaften Erlebnissen anderer, z. B. Sigmund Freuds, beruht. Aber dann bleiben wir doch wieder im Bereich der Illusion.
Ein Tabu, das alle Entmystifizierungstendenzen unserer Zeit überdauert hat, ist die Idealisierung der Mutterliebe. Die üblichen Biographien illustrieren das sehr deutlich. Wenn man Biographien z. B. berühmter Künstler liest, so fängt ihr Leben irgendwo um die Pubertät herum an. Vorher

hatte der Künstler eine »glückliche« oder »frohe« oder »unbelastete« Kindheit, oder eine Kindheit »voller Entbehrungen« oder »Anregungen«, aber »wie« die Kindheit im einzelnen gewesen ist, scheint völlig uninteressant zu sein. Als ob nicht in der Kindheit die Wurzeln des ganzen Lebens verborgen wären. Ich möchte das an einem einfachen Beispiel illustrieren:

Henry Moore schreibt in seinen Erinnerungen, daß er als kleiner Junge den Rücken seiner Mutter mit Rheumaöl massieren durfte. Als ich das las, bekam ich plötzlich einen ganz persönlichen Zugang zu den Plastiken Moores. Die liegenden großen Frauen mit den kleinen Köpfen – da sah ich die Mutter mit den Augen des kleinen Jungen, der den Kopf seiner Mutter perspektivisch verkleinert und den nahen Rücken als riesengroß erlebt. Das mag vielen Kunstkritikern völlig einerlei sein. Aber für mich ist es ein Zeichen, wie stark die Erlebnisse eines Kindes im Unbewußten überdauern und welche Möglichkeiten des Ausdrucks sie finden können, wenn der Erwachsene frei ist, sie gelten zu lassen.

Nun ist Moores Erinnerung eine harmlose und konnte überdauern. Aber die konflikthaften Erlebnisse jeder Kindheit bleiben im Dunkel. In diesem Dunkel verborgen bleiben auch die Schlüssel zum Verständnis des ganzen späteren Lebens.

Manchmal muß ich mich fragen, ob es uns überhaupt je möglich sein wird, das Ausmaß der Einsamkeit und Verlassenheit zu erfassen, dem wir als Kinder und folglich auch, intrapsychisch, als Erwachsene ausgesetzt waren oder sind. Ich meine hier nicht in erster Linie die äußere Verlassenheit, die äußeren Trennungen von den Eltern, die selbstverständlich traumatische Auswirkungen haben können, ich denke auch nicht an Kinder, die offensichtlich vernachlässigt oder gar verwahrlost aufgewachsen sind und die es schon immer wußten und wenigstens mit dieser Wahrheit großgeworden sind.

Aber es bleibt ja noch die ganz große Zahl der narzißtisch gestörten Menschen, die sehr oft differenzierte und bemühte Eltern hatten, die von ihren Eltern gefördert wurden und die an schweren Depressionen leiden. Mit dem Bild einer glücklichen und behüteten Kindheit, mit dem sie aufgewachsen sind, kommen sie in die Analyse.

Es handelt sich um Patienten, die selber viele Möglichkeiten oder sogar Talente hatten, die sie auch entwickelten, und die oft wegen ihrer Gaben und Leistungen gelobt wurden. Fast alle diese Analysanden waren schon im ersten Lebensjahr trocken und viele halfen bereits im Alter von eineinhalb bis fünf Jahren sehr geschickt bei der

Pflege ihrer kleinen Geschwister. Nach der vorherrschenden Meinung müßten diese Menschen – der Stolz ihrer Eltern – ein starkes und stabiles Selbstbewußtsein haben. Aber gerade das Gegenteil ist der Fall. Alles, was sie anpacken, machen sie gut bis hervorragend, sie werden bewundert und beneidet, sie ernten Erfolg, wo es ihnen immer wichtig ist, aber alles das nützt nichts. Dahinter lauert die Depression, das Gefühl der Leere, der Selbstentfremdung, der Sinnlosigkeit ihres Daseins – sobald die Droge der Grandiosität ausfällt, sobald sie nicht »on top« sind, nicht mit Sicherheit der Superstar, oder wenn sie plötzlich das Gefühl bekommen, vor irgendeinem Idealbild ihrer selbst versagt zu haben. Dann werden sie gelegentlich von Ängsten oder schweren Schuld- und Schamgefühlen geplagt. Was sind die Gründe einer so tiefen narzißtischen Störung bei diesen begabten Menschen?

Schon in der ersten Besprechung lassen sie den Zuhörenden bald wissen, daß sie verständnisvolle Eltern hatten, mindestens einen Elternteil, und wenn es ihnen je am Verständnis der Umwelt gefehlt hatte, so lag es, meinen sie, an ihnen, nämlich daran, daß sie sich nicht richtig ausdrücken konnten. Sie bringen ihre ersten Erinnerungen ohne jegliches Mitgefühl für das Kind, das sie einmal waren, und dies fällt um so mehr auf, als diese Patienten nicht nur eine ausgesprochene

Fähigkeit zur Introspektion haben, sondern sich auch leicht in andere Menschen einfühlen können. Ihre Beziehung zur Gefühlswelt ihrer Kindheit ist aber durch mangelnden Respekt, Kontrollzwang, Manipulation und Leistungsdruck charakterisiert. Nicht selten zeigen sich da Verachtung und Ironie, die bis zum Spott und Zynismus gehen können. Allgemein anzutreffen ist ferner ein völliges Ausbleiben von echtem, emotionalem Verstehen und Ernstnehmen des eigenen Kinderschicksals, sowie eine völlige Ahnungslosigkeit in bezug auf die eigenen wahren Bedürfnisse, jenseits der Leistungszwänge. Die Verinnerlichung des ursprünglichen Dramas ist so vollkommen gelungen, daß die Illusion der guten Kindheit gerettet werden kann.

Um das seelische Klima der Kindheit dieser Analysanden schildern zu können, möchte ich zunächst einige Voraussetzungen formulieren, von denen ich ausgehe und die vor allem den Arbeiten von D. Winnicott, M. Mahler und H. Kohut nahestehen.

1. Es ist ein ureigenes Bedürfnis des Kindes, als das, was es jeweils ist, und als *Zentrum der eigenen Aktivität* gesehen, beachtet und ernstgenommen zu werden. Im Unterschied zum Triebwunsch handelt es sich hier um ein genauso legitimes, aber *narzißtisches Bedürfnis*, dessen Erfüllung zur Bildung eines gesunden Selbstgefühls unerläßlich ist.

2. »Das, was es jeweils ist«, meint: *Gefühle, Empfindungen und ihren Ausdruck*, bereits beim Säugling. »Die inneren(!) Empfindungen des Säuglings und Kleinkindes«, schreibt M. Mahler, »bilden den Kern des Selbst. Sie scheinen der Mittel-, der Kristallisationspunkt des Selbstgefühls zu bleiben, um das herum das ›Identitätsgefühl‹ errichtet wird« (1972, S. 17).

3. In einer Atmosphäre der *Achtung und Toleranz für die Gefühle des Kindes* kann das Kind in der Trennungsphase die Symbiose mit der Mutter aufgeben und die Schritte zur Individuation und Autonomie vollziehen.

4. Damit diese Voraussetzungen des gesunden Narzißmus möglich wären, müßten die Eltern dieser Kinder ebenfalls in einem solchen Klima aufgewachsen sein.

5. Eltern, die dieses Klima als Kinder nicht bekommen haben, sind narzißtisch *bedürftig*, d. h. sie suchen ihr ganzes Leben, was ihnen ihre eigenen Eltern zur *rechten Zeit* nicht geben konnten: ein Wesen, das ganz auf sie eingeht, sie ganz versteht und ernstnimmt, das sie bewundert und ihnen folgt.

6. Dieses Suchen kann natürlich nicht voll gelingen, denn es bezieht sich auf *eine unwiderruflich vergangene Situation*, nämlich die erste Zeit der Selbstformung.

7. Aber ein Mensch mit einem ungestillten und

unbewußten – weil abgewehrten – *Bedürfnis* ist einem *Zwang* unterworfen, das Bedürfnis doch noch auf Ersatzwegen befriedigen zu wollen.

8. Am meisten eignen sich dazu die *eigenen Kinder*. Ein Neugeborenes ist auf Gedeih und Verderb auf seine Eltern angewiesen. Und da seine Existenz davon abhängt, ihre Zuwendung zu bekommen, tut es auch alles, um sie nicht zu verlieren. Es wird vom ersten Tag an all seine Möglichkeiten einsetzen, wie eine kleine Pflanze, die sich nach der Sonne dreht, um zu überleben (vgl. A. Miller, 1971).

Bisher bewegte ich mich auf dem Boden von mehr oder weniger bekannten Tatsachen. Die folgenden Gedanken beruhen auf Beobachtungen, die ich in den von mir durchgeführten oder kontrollierten Analysen von Kollegen und nicht zuletzt in den zahlreichen Interviews mit Adepten der Psychoanalyse machte. Bei allen diesen Menschen war ein Kinderschicksal vorzufinden, das mir bezeichnend erscheint.

1. Da war eine im Grunde *emotional unsichere Mutter*, die für ihr narzißtisches Gleichgewicht auf ein bestimmtes Verhalten oder eine bestimmte Seinsweise des Kindes angewiesen war. Diese Unsicherheit konnte sehr wohl dem Kinde und der ganzen Umgebung hinter einer harten, autoritären, ja totalitären Fassade verborgen bleiben.

2. Dazu kam eine erstaunliche *Fähigkeit des Kin-*

des, dieses Bedürfnis der Mutter oder beider Eltern intuitiv, also auch unbewußt zu spüren und zu beantworten, d. h. die ihm unbewußt zugeteilte Funktion zu übernehmen.

3. Diese Funktion sicherte dem Kind die »Liebe«, d. h. hier die *narzißtische Besetzung* durch die Eltern. Es spürte, daß es gebraucht wurde, und das gab seinem Leben die Existenzsicherung.

Diese Fähigkeit wird ausgebaut und perfektioniert, und diese Kinder werden nicht nur zu Müttern (Vertrauten, Tröstern, Ratgebern, Stützen), ihrer Mütter, sondern übernehmen auch Verantwortung für ihre Geschwister und bilden schließlich ein ganz *besonderes Sensorium für unbewußte Signale der Bedürfnisse des Anderen* aus. Kein Wunder, wenn sie später oft den Beruf des Psychoanalytikers wählen. Wer sonst, ohne diese Vorgeschichte, würde das Interesse dafür aufbringen, den ganzen Tag herausfinden zu wollen, was sich im Unbewußten des Anderen abspielt? Aber in der Ausbildung und Vervollkommnung dieses differenzierten Sensoriums, das einst dem Kind zum Überleben verhalf und den Erwachsenen zu seinem seltsamen Beruf befähigt, liegen auch die *Wurzeln der narzißtischen Störung*.

Die Phänomenologie der narzißtischen Störung ist heute bereits sehr gut bekannt. Aufgrund meiner Erfahrungen würde ich meinen, daß ihre Ätiologie in der *Anpassung des Säuglings* zu suchen ist. Auf jeden Fall führt diese frühe Anpassung dazu, daß die narzißtischen Bedürfnisse des Kindes nach Achtung, Echo, Verständnis, Teilnahme, Spiegelung ein ganz spezifisches Schicksal erfahren.

1. Eine schwerwiegende Folge der Anpassung ist die *Unmöglichkeit*, bestimmte eigene Gefühle (*wie z. B. Eifersucht, Neid, Zorn, Verlassenheit, Ohnmacht, Angst*) in der Kindheit und dann im Erwachsenenalter *bewußt zu erleben*. Dies ist um so tragischer, als es sich hier um Menschen handelt, die sehr vital und zu differenzierten Gefühlen besonders befähigt sind. Man merkt es in Analysen dann, wenn sie die Erlebnisse aus ihrer Kindheit beschreiben, die konfliktfrei waren. Meistens handelt es sich um Naturerlebnisse. Da konnten sie empfinden, ohne die Mutter damit zu verletzen, sie unsicher zu machen, ihre Macht zu schmälern, ihr Gleichgewicht zu gefährden. Aber es fällt sehr auf, daß diese überaus aufmerksamen, wachen und sensiblen Kinder, die sich genau erinnern, wie sie z. B. im Alter von vier Jahren das Sonnenlicht im strahlenden Gras entdeckten,

beim Anblick ihrer schwangeren Mutter noch mit acht Jahren überhaupt »nichts gesehen haben« und keine Neugier zeigten, daß sie bei der Geburt des Geschwisters »überhaupt nicht« eifersüchtig waren, daß sie mit zwei Jahren, während der Besatzung allein gelassen, das Eindringen von Militär und einige Hausdurchsuchungen über sich ergehen ließen, ohne zu weinen, ruhig und »sehr brav«. Es ist eine ganze Kunst entwickelt worden, Gefühle nicht erleben zu müssen, denn ein Kind kann diese nur erleben, wenn *eine Person da ist, die es mit diesen Gefühlen annimmt,* versteht und begleitet. Wenn das fehlt, wenn das Kind riskieren muß, die Liebe der Mutter oder der Ersatzperson zu verlieren, kann es die natürlichsten Gefühlsreaktionen nicht »für sich allein«, insgeheim erleben; es erlebt sie nicht. Und doch .... etwas bleibt. Im ganzen späteren Leben dieses Menschen werden von ihm unbewußt Situationen inszeniert, in denen diese damals nur im Ansatz vorhandenen Gefühle aufleben können, aber ohne daß der ursprüngliche Zusammenhang verständlich wird. Den Sinn dieses »Spiels«, wie Habermas (1970) das nennt, zu entziffern, ist erst in der Analyse möglich, wenn die Inszenierung den Analytiker einbezieht und die Verbindung der ursprünglichen Situation mit den in der Analyse erlebten intensiven Gefühlen gelingt. Freud beschreibt das schon 1914 in der Schrift »Erinnern,

Wiederholen und Durcharbeiten« (vgl. S. Freud, 1914).

Nehmen wir als Beispiel das Gefühl des Verlassenseins. Nicht das Gefühl eines erwachsenen Menschen, der sich einsam fühlt und deshalb Tabletten schluckt, Drogen nimmt, ins Kino geht, Bekannte aufsucht, unnötige Telefonate macht, um irgendwie das »Loch« zu überbrücken. Nein, ich meine das ursprüngliche Gefühl des kleinen Kindes, das all diese Möglichkeiten der Ablenkung nicht hat und dessen Mitteilungen, verbale oder präverbale, die Mutter nicht erreichten. Nicht, weil es eine böse Mutter hatte, sondern weil die Mutter selber narzißtisch bedürftig war, auf ein bestimmtes, für sie notwendiges Echo des Kindes angewiesen, selbst im Grunde ein Kind auf der Suche nach einem verfügbaren Objekt. Und so paradox das erscheinen mag – *ein Kind ist verfügbar*. Ein Kind kann einem nicht davonlaufen, wie die eigene Mutter dazumal. Ein Kind kann man *erziehen, daß es so wird, wie man es gerne hätte*. Beim Kind kann man sich Respekt verschaffen, man kann ihm seine eigenen Gefühle zumuten, man kann sich in seiner Liebe und Bewunderung spiegeln, man kann sich neben ihm stark fühlen, man kann es einem fremden Menschen überlassen, wenn es einem zuviel ist, man fühlt sich endlich im Zentrum der Beachtung, denn die Kinderaugen verfolgen die Mutter auf Schritt und Tritt. Wenn eine Frau bei ihrer Mutter all diese Bedürfnisse unterdrücken und verdrängen mußte, so mag sie noch so gebildet und guten Willens sein, auch wissen, was ein Kind braucht, bei ihrem eigenen Kind regen sie sich aus der Tiefe ihres Unbewußten und drängen nach Befriedigung. Das Kind spürt es deutlich und gibt sehr früh auf, die eigene Not zum Ausdruck zu bringen.

Wenn aber später beim Erwachsenen in der Analyse die damaligen Gefühle der Verlassenheit auftauchen, dann kommen sie mit einer solchen Intensität an Schmerz und Verzweiflung, daß es uns völlig klar wird: diese Menschen hätten ihre Schmerzen nicht überlebt. Dafür wäre eine empathische, begleitende Umgebung notwendig gewesen, die ihnen fehlte. Das gleiche gilt für Gefühle, die mit dem ödipalen Drama und mit der ganzen Triebentwicklung zusammenhängen. All das mußte abgewehrt werden. Aber zu sagen, daß es nicht da war, hieße: aus den Analysen gewonnene, empirische Erfahrungen in Abrede stellen.

Bei der Abwehr z. B. des frühkindlichen Gefühls von Verlassenheit sind viele Mechanismen anzutreffen. Neben der einfachen *Verleugnung* die *Umkehr ins Gegenteil* (»ich zerbreche unter der dauernden Verantwortung, denn die Anderen brauchen mich ununterbrochen«), *Umkehr* des *passiven Leidens* in *aktives Verhalten* (»ich muß die Frauen immer wieder verlassen, sobald ich mich unentbehrlich für sie fühle«), *Verschiebung* auf andere Objekte, *Introjektion* der Drohung von Liebesentzug (»ich muß nur brav den Normen entsprechen, dann riskiere ich nichts; ich fühle mich dauernd überfordert, aber kann es nicht ändern, ich muß immer mehr leisten als die Andern«). Häufig sind *Intellektualisierungen* anzutreffen, denn sie bieten einen Schutz von großer Verläßlichkeit.

All diese Abwehrmechanismen sind begleitet von der Verdrängung der ursprünglichen Situation und der dazugehörenden Gefühle, die erst nach Jahren Analyse zum Durchbruch kommen.

2. Die Anpassung an elterliche Bedürfnisse führt oft (aber nicht immer) zur Entwicklung der »Als-ob-Persönlichkeit« oder dessen, was D. Winnicott als *»falsches Selbst«* beschrieben hat. Der Mensch entwickelt eine Haltung, in der er nicht nur das zeigt, was von ihm gewünscht wird, sondern so mit dem Gezeigten verschmilzt, daß man – bis zur Analyse – kaum ahnen würde, wieviel Anderes hinter dem »maskierten Selbstverständnis« (vgl. Habermas, 1970) noch in ihm ist. Das wahre Selbst kann sich nicht entwickeln und differenzieren, weil es nicht gelebt werden kann. Es steht »im Zustand der Nichtkommunikation«, wie Winnicott es bezeichnet. Begreiflicherweise klagen diese Patienten über Gefühle der Leere, Sinnlosigkeit, Heimatlosigkeit, denn diese Leere ist real. Es hat eine Ent-

leerung, Verarmung, partielle Tötung der Möglichkeiten tatsächlich stattgefunden, als das Lebendige, Spontane abgeschnitten wurde.
In der Kindheit dieser Menschen treten manchmal Träume auf, in denen sich der Patient als partiell tot erlebt. Zwei Beispiele solcher Träume möchte ich anführen.

> Meine kleinen Geschwister stehen auf der Brücke und werfen eine Schachtel in den Fluß. Ich weiß, daß ich tot darin liege, und doch höre ich mein Herz klopfen und erwache jedesmal in dem Moment (ein wiederkehrender Traum).

Dieser Traum verdichtet die unbewußten Aggressionen (Neid und Eifersucht) den kleinen Geschwistern gegenüber, denen die Patientin immer fürsorgliche »Mutter« war, mit der »Tötung« der eigenen Gefühle, Wünsche und Ansprüche mit Hilfe von Reaktionsbildung. Ein anderer Patient träumt:

> Ich sehe eine grüne Wiese und darauf einen weißen Sarg stehen. Ich habe Angst, daß meine Mutter darin liegt, aber ich öffne den Deckel, und zum Glück ist es nicht Mutter, sondern ich.

Hätte der Patient als Kind die Möglichkeit gehabt, seinen Enttäuschungen über die Mutter Ausdruck zu geben, d. h. auch Gefühle von Zorn und Wut zu erleben, dann wäre er lebendig geblieben. Aber das hätte zum Liebesentzug der Mutter geführt, was für ein Kind mit Objektverlust und

Tod gleichbedeutend ist. Also »tötet« es seine Wut und somit auch ein Stück der eigenen Seele, um das Selbstobjekt, die Mutter, zu erhalten.

3. Aus der Schwierigkeit, eigene, zu Konflikten führende Gefühle zu erleben und zu entfalten, resultiert die *Permanenz der Bindung,* die keine Abgrenzung ermöglicht. Daran sind beide Teile interessiert. Denn die Eltern haben im falschen Selbst des Kindes die gesuchte Bestätigung gefunden, einen Ersatz für die ihnen fehlenden Strukturen, und das Kind, das keine eigenen Strukturen aufbauen konnte, ist zunächst bewußt und später unbewußt (via Introjekt) von den Eltern abhängig. Denn es kann sich nicht auf eigene Gefühle verlassen, hat damit keine Erfahrungen im Sinne von trial and error gemacht, es kennt seine wahren Bedürfnisse nicht, es ist sich selber im höchsten Maße *entfremdet.* In dieser Situation kann es sich nicht von den Eltern trennen und ist auch im Erwachsenenalter dauernd auf Bestätigung der Partner, Gruppen und *vor allem* der eigenen Kinder angewiesen. Die Erben der Eltern sind die Introjekte, vor denen man das wahre Selbst tief verstecken muß, und so folgt auf die Einsamkeit im elterlichen Haus die spätere *Isolierung* in *sich selber.*

Die narzißtische Besetzung des Kindes durch die Mutter schließt eine affektive Zuwendung nicht aus. Im Gegenteil. Das Kind wird als Selbstobjekt der Mutter von ihr heiß »geliebt«, aber nicht in der Art, wie das Kind es brauchen würde. Und immer unter den Bedingungen des falschen Selbst. Für die Entwicklung intellektueller Fähigkeiten ist das kein Hindernis, wohl aber für die Entfaltung des echten Gefühlslebens.

AUF DER SUCHE NACH DEM WAHREN SELBST

Wie kann hier die Psychoanalyse helfen? Die Unmittelbarkeit eines Käthchen von Heilbronn ist vielleicht nur in der Phantasie möglich und gerade aus der Sehnsucht eines narzißtisch Gequälten wie Kleist sehr gut verständlich. Die Einfachheit eines Falstaffs, von dem Freud gesagt haben soll, daß er das Traurige des gesunden Narzißmus verkörpert, ist für diese Patienten gar nicht möglich und nicht erwünscht. Das Paradies der präambivalenten Harmonie, auf das so viele Patienten hoffen, läßt sich nie erreichen. Aber das Erleben der eigenen Wahrheit und das *postambivalente* Wissen um sie, ermöglicht, auf einer erwachsenen Stufe, die Rückkehr zur eigenen Gefühlswelt – ohne Paradies, aber mit der *Fähigkeit, zu trauern.*
Es gehört zu den Wendepunkten der Analyse, wenn narzißtisch gestörte Patienten zu der emotionalen Einsicht kommen, daß all die Liebe, die sie sich mit so viel Anstrengungen und Selbstaufgabe erobert haben, gar nicht dem galt, der sie in

Wirklichkeit waren; daß die Bewunderung für ihre Schönheit und Leistungen der Schönheit und den Leistungen galt und nicht eigentlich dem Kind, wie es war. Hinter der Leistung erwacht in der Analyse das kleine einsame Kind und fragt sich: »Wie wäre es, wenn ich böse, häßlich, zornig, eifersüchtig, faul, schmutzig, stinkend vor euch gestanden wäre? Wo wäre dann eure Liebe gewesen? Und all das war ich doch *auch*. Will das heißen, daß eigentlich nicht ich geliebt wurde, sondern das, was ich vorgab zu sein? Das anständige, zuverlässige, einfühlsame, verständnisvolle, das bequeme Kind, das im Grunde gar nicht Kind war? Was ist mit meiner Kindheit geschehen? Bin ich nicht um sie betrogen worden? Ich kann ja nie mehr zurück. Ich werde es nie nachholen können. Von Anfang an war ich ein kleiner Erwachsener. Meine Fähigkeiten – wurden sie einfach mißbraucht?«
Diese Fragen sind mit sehr viel Trauer und Schmerz verbunden, haben aber immer zur Folge, daß eine neue Instanz im Analysanden sich aufrichtet (wie ein Erbe der Mutter, die es nie gegeben hat) – die aus der Trauer geborene Empathie für das eigene Schicksal. Ein Patient träumte in einer solchen Phase, er hätte vor dreißig Jahren ein Kind umgebracht und niemand hätte ihm geholfen, das Kind zu retten. (Vor dreißig Jahren, ausgerechnet in der ödipalen Phase, fiel es der

Umgebung auf, daß das Kind völlig verschlossen wurde, höflich und brav, aber keine Gefühlsregungen mehr zeigte.)
Die Manifestationen des eigenen Selbst werden nun nicht mehr bagatellisiert, nicht mehr verlacht oder verspottet, wenn auch noch lange unbewußt überfahren oder einfach nicht beachtet (genau in der gleichen subtilen Art, wie es die Eltern früher mit dem Kinde taten, als das Kind für seine Bedürfnisse noch keine Sprache hatte). Dann wagen sich auch die bisher abgespaltenen, weil verurteilten, Größenphantasien hervor, und ihr Zusammenhang mit den frustrierten und verdrängten Bedürfnissen nach Beachtung, Respekt, Verständnis, Echo und Spiegelung wird deutlich. Immer wieder ist im Kern dieser Phantasien der früher nie eingestandene Wunsch, z. B.: *Ich* stehe *im Zentrum*, meine Eltern schauen *mich* an und stecken ihre Bedürfnisse zurück (Phantasie: ich bin die Prinzessin, um mich bemühen sich die Bedienten), die Eltern tolerieren, daß ich meine Gefühle auszudrücken versuche, sie lachen mich nicht aus (Phantasie: ich bin ein berühmter Künstler, und alle nehmen mich ernst, auch wenn sie mich nicht verstehen), meine Eltern sind reich an Mut und Gaben und sind nicht auf meine Leistungen angewiesen, brauchen meinen Trost und mein Lächeln nicht (»König und Königin«). Das heißt in der Kindersituation: Ich darf traurig oder

glücklich sein, wenn mich etwas traurig oder glücklich macht, aber ich bin niemandem eine Heiterkeit schuldig und muß nicht meinen Kummer oder Angst oder andere Gefühle je nach den Bedürfnissen Anderer unterdrücken. Ich darf böse sein, und niemand stirbt daran, niemand bekommt Kopfweh davon, ich darf toben und Dinge kaputt machen, ohne die Eltern zu verlieren. Mit Winnicotts Worten: »Ich kann das Objekt umbringen, und es wird überleben« (D. Winnicott, 1971).

Wenn man die *Größenphantasien,* die oft mit zwanghaften oder perversen Begleiterscheinungen einhergehen, als *entfremdete Form dieser echten und legitimen Bedürfnisse* erlebt und verstanden hat, kann die Spaltung aufgehoben werden und die Integration erfolgen.

Wie geht das chronologisch vor sich?

1. In den meisten Fällen ist es am Anfang der Analyse nicht sehr schwer, den Patienten darauf aufmerksam zu machen, wie er mit seinen Gefühlen und Bedürfnissen umgeht und daß dies seine Überlebenschance war. Er fühlt sich enorm erleichtert, wenn man Dinge in ihm ernst- und wahrnimmt, die er bisher abzuwürgen gewohnt war. Man kann ihn aufgrund des gebotenen Materials darauf aufmerksam machen, wie er über seine Gefühle spottet, sie ironisiert, versucht, sie

sich auszureden, sie bagatellisiert oder gar nicht wahrnimmt, oder vielleicht erst nach einigen Tagen wahrnimmt, wenn sie schon vergangen sind. Allmählich realisiert der Patient selber, wie er gewaltsam Zerstreuung sucht, wenn er bewegt, erschüttert oder traurig ist. (Als die Mutter des sechsjährigen Kindes starb, sagte die Tante: »Man muß tapfer sein und nicht weinen, geh jetzt in dein Zimmer und spiele schön.«) In vielen Situationen erlebt er sich zwar immer noch *von Anderen her,* sich ständig fragend, wie er wirkt, wie er jetzt *sein müßte, welche Gefühle er haben sollte.* Aber im großen und ganzen fühlt sich der Patient jetzt, in der Anfangsphase, viel freier, er kann dank der Hilfs-Ich-Funktion des Analytikers mehr von sich zu spüren bekommen, wenn ein Teil seiner *gegenwärtigen* Gefühle in der Stunde gelebt und ernstgenommen wird. Für diese Möglichkeit ist er auch sehr dankbar.

2. Nun – dabei bleibt es natürlich nicht. Sobald sich die Übertragungsneurose entwickelt hat, bekommt der Analytiker neben der ersten, die er noch eine Zeitlang beibehält, seine zweite Funktion – die der Übertragungsfigur. Und da tauchen *Gefühle* aus verschiedenen *Stadien* der *Kindheit* auf. Das ist wohl die schwierigste Zeit der Analyse, an Agieren die reichste. Der Patient fängt an, sich zu artikulieren, bricht mit seiner Fügsamkeit, kann aber, aufgrund seiner Kindheitserfahrungen nicht

glauben, daß dies ohne Lebensgefahr möglich sein soll. So inszeniert er aus dem Wiederholungszwang heraus Situationen, in denen er die Angst vor Objektverlust, vor Ablehnung, vor der Isolierung auch real erleben muß, den Analytiker mit hineinziehend (als ablehnende oder fordernde Mutter z. B.), um dann die Befreiung zu erleben, daß er das Risiko aushalten und zu sich selbst stehen konnte. Das kann ganz harmlos beginnen. Man wird von Gefühlen überrascht, die man am liebsten nicht wahrgenommen hätte, aber es ist zu spät, das Sensorium für die eigenen Regungen ist bereits freigelegt, es gibt kein Zurück. Und nun muß (aber auch: darf!) der Analysand sich so erleben, wie er es bisher nie für möglich gehalten hat.

Er, der die Geizigen verachtet, ertappt sich plötzlich dabei, daß er unwillkürlich ausrechnet, was die durch ein Telefonat des Analytikers versäumten zwei Minuten seiner Stunde kosten. Er, der bisher nirgends Ansprüche stellte und unermüdlich die Ansprüche der Anderen erfüllte – er wird plötzlich wütend, weil der Analytiker »schon wieder« Ferien macht. Oder es ärgert ihn, neue Leute beim Analytiker zu sehen. Wie kommt das? Es ist doch nicht Eifersucht. Das Gefühl kennt er gar nicht! Und doch ... »Was haben die da zu suchen? Kommen da überhaupt noch andere Leute außer mir?« Bis jetzt hat er das gar nicht realisiert. Zu-

nächst ist es eine große Kränkung, nicht nur gut, verständnisvoll, großzügig, beherrscht und vor allem erwachsen zu sein, wenn die Selbstachtung bisher darauf aufgebaut war. Aber zu dieser Kränkung gesellt sich eine noch viel schwerere, wenn der Analysand *die Introjekte in sich entdeckt* und sich selber in deren Gefängnis sieht. Die Wut, der Anspruch, der Geiz treten ja nicht in einer gezähmten, erwachsenen Form auf, sondern zunächst in der kindlich-archaischen, in der sie verdrängt wurden. Und der Patient ist entsetzt, wenn er feststellt, daß er in der verhaßten Art seines Vaters gewütet hat oder, wie er das nennt, »in den Kleidern seiner Mutter« gestern sein Kind kontrollierte. Dieses Aufleben der Introjekte und die Auseinandersetzung mit ihnen mit Hilfe der Übertragung bilden den Hauptteil der Analyse. Was nicht erinnert werden kann, wird unbewußt inszeniert und auf diesem Wege gefunden. Je mehr der früheren Gefühle zugelassen und erlebt werden, desto stärker und kohärenter fühlt sich der Patient. Dies befähigt ihn, sich Gefühlen der ganz frühen Kindheit auszusetzen und die damalige Hilflosigkeit und Ambivalenz zu erleben, was letztlich wiederum seine Sicherheit stärkt.
Es ist etwas völlig anderes, ob man als Erwachsener einem Menschen gegenüber ambivalente Gefühle hat oder ob man – nach langer Vorgeschichte – sich plötzlich als ein zweijähriges Kind

erlebt, das in der Küche vom Hausmädchen gefüttert wird und verzweifelt denkt: »Warum ist Mama jeden Abend weg? Warum hat sie keine Freude an mir? Was ist an mir, daß sie lieber zu den anderen Menschen geht? Was kann ich machen, damit sie bleibt? Ja nicht weinen! ja nicht weinen –«. Damals konnte das Kind nicht in diesen Worten denken, aber in der Stunde auf der Couch war dieser Mann beides: der Erwachsene und auch das zweijährige Kind, und er konnte bitterlich weinen. Es war nicht ein kathartisches Weinen, sondern die Integration seiner frühen Sehnsucht nach der Mutter, die er bisher immer verleugnet hatte. In den auf diese Stunde folgenden Wochen erlebte der Patient die ganze quälende Ambivalenz seiner Mutter gegenüber, die eine erfolgreiche Kinderärztin war. Das bisher »eingefrorene« Bild der Mutter verwandelte sich in das einer Frau mit liebenswürdigen Seiten, die dem Kind keine Kontinuität in der Beziehung geben konnte. »Ich hasse diese ewig kranken Biester, die mir meine Mutter immer weggenommen haben. Ich hasse meine Mutter, weil sie lieber bei ihnen war als bei mir.« In der Übertragung mischten sich Anklammerungstendenzen und Gefühle von Hilflosigkeit mit der lang aufgestauten Wut auf das nicht verfügbare Liebesobjekt. In der Folge verschwand gänzlich eine den Patienten seit langem quälende Perversion, deren Sinn sich nun unschwer entziffern ließ. Seine Beziehungen zu Frauen verloren den ausgesprochen narzißtischen Besetzungscharakter, und der Zwang, zu erobern und zu verlassen, war auf einmal verschwunden.

In diesem Stadium der Analyse werden frühe Gefühle der Ohnmacht, der Wut und des Ausgeliefertseins an das geliebte Objekt erlebt, wie sie früher nie hätten erinnert werden können. Man kann nur etwas erinnern, was man bewußt erlebt hat. Aber die Gefühlswelt eines narzißtisch gestörten Kindes ist ja bereits das Ergebnis einer Selektion, in der das Wesentliche ausgeschieden wurde. Erst in der Analyse werden diese frühen Gefühle, die vom Schmerz des Nichtbegreifenkönnens der frühkindlichen Stufe begleitet sind, zum *erstenmal bewußt erlebt*. Das wahre Selbst ist »im Zustand der Nichtkommunikation«, wie Winnicott schrieb, weil es geschützt werden muß. Nichts wird der Patient so gründlich, so lange und so tief verstecken müssen wie sein wahres Selbst. Es ist daher jedesmal wie ein Wunder zu sehen, daß trotzdem so viel Eigenes hinter einer solchen Verstellung, Verleugnung, Selbstentfremdung überleben konnte und zutage tritt, wenn durch die Trauerarbeit einmal die Freiheit von den Introjekten erreicht wurde. Und doch wäre es irreführend, wollte man Winnicotts Satz so verstehen, daß hinter dem falschen Selbst ein entwickeltes wahres Selbst versteckt wäre. In einem solchen

Fall gäbe es keine narzißtische Störung, sondern ein bewußtes Sich-schützen. Das Kind *weiß* jedoch *nicht*, was es *versteckt*. Ein Patient formulierte es so: »Ich lebte in einem Glashaus, in das meine Mutter jederzeit hineinschauen konnte. In einem Glashaus kann man nichts verstecken, ohne sich zu verraten, außer unter dem Boden. Dann sieht man es aber selbst auch nicht.«
Ein erwachsener Mensch kann auch nur dann seine Gefühle erleben, wenn er ein zugewandtes, empathisches Selbstobjekt internalisiert hat. Menschen mit narzißtischen Störungen hat das gefehlt, sie können deshalb nicht von Gefühlen überrascht werden, denn nur solche Gefühle finden bei ihnen Zutritt, die die innere Instanz, die Erbin der Eltern, zuläßt und gutheißt. Die Depression, die innere Leere, ist der Preis, der für diese Kontrolle bezahlt werden muß. Um zu Winnicotts Satz zurückzukommen: das wahre Selbst kann nicht kommunizieren, weil es in einem unbewußten, und daher unentwickelten, Zustand geblieben ist, in einem inneren Gefängnis. Der Umgang mit Gefängniswärtern begünstigt keine lebendige Entwicklung. Erst nach der Befreiung in der Analyse *fängt das Selbst an, sich zu artikulieren,* zu wachsen und seine Kreativität zu entwickeln. Und wo früher nur die gefürchtete Leere oder die gefürchteten grandiosen Phantasien zu finden waren, tut sich ein unerwarteter Reichtum an Leben-

digem auf. Es ist nicht eine Heimkehr, denn das Heim hat es nie gegeben. Es ist eine Heimfindung.

3. Die Phase der Trennung vom Analytiker beginnt, wenn der Analysand *eine stabile Fähigkeit zu trauern* erworben hat und sich auch Gefühlen aus der Kindheit aussetzen kann, ohne dabei ständig auf den Analytiker angewiesen zu sein.

DIE SITUATION DES PSYCHOANALYTIKERS

Man hört oft die Behauptung, daß Psychoanalytiker an einer narzißtischen Störung leiden. Die bisherigen Ausführungen wollten deutlich machen, inwiefern man diese Behauptung nicht nur induktiv auf erfahrene Tatsachen stützen, sondern sie auch deduktiv aus der Art der *Begabung* zum Analytiker ableiten könnte. Seine Sensibilität, seine Fähigkeit zur Einfühlung, zu intensiven und differenzierten Gefühlen, seine übermäßige Ausstattung mit »Antennen« prädestinieren ihn ja geradezu dazu, als Kind von narzißtisch Bedürftigen gebraucht – wenn nicht mißbraucht – zu werden.

Natürlich gibt es theoretisch auch die Möglichkeit, daß ein in dieser Richtung begabtes Kind bei Eltern aufgewachsen ist, die diesen Mißbrauch nicht nötig hatten, d. h. das Kind in seinem Wesen sahen, verstanden, *seine* Gefühle ertrugen und respektierten. Dieses Kind hätte dann einen gesunden Narzißmus entwickelt. Es ist aber kaum anzunehmen,

1. daß es später den Beruf des Psychoanalytikers ergreift,
2. daß es das geeignete Sensorium für den Anderen in dem Maße ausbilden und entwickeln wird wie die »narzißtisch gebrauchten« Kinder,
3. daß es je – *aufgrund eigenen Erlebens* – genügend verstehen wird, was es heißt, sein Selbst »getötet zu haben«.

So meine ich, daß gerade unser Schicksal nicht minder als unsere Begabung uns befähigt, den Beruf des Psychoanalytikers auszuüben, wenn wir in der Lehranalyse die Möglichkeit bekommen, mit der Wahrheit unserer Vergangenheit zu leben und auf die gröbsten Illusionen zu verzichten. Das hieße, das Wissen auszuhalten, daß wir auf Kosten unserer Selbstverwirklichung genötigt waren, die unbewußten Bedürfnisse unserer Eltern zu befriedigen, um das geliebte Objekt nicht zu verlieren. Es hieße weiter, die Auflehnung und Trauer über die *Nichtverfügbarkeit der Eltern für unsere primären narzißtischen Bedürfnisse* erleben zu können. Haben wir unsere Verzweiflung und die daraus entspringende narzißtische Wut nie gelebt und infolgedessen nie verarbeitet, so können wir in die Gefahr kommen, die unbewußt gebliebene

Situation der eigenen Kindheit auf den Patienten zu übertragen. Denn wen würde es wundern, wenn diese unbewußte Wut keinen anderen Weg finden würde, als wiederum ein schwächeres Wesen dazu zu benutzen, es sich an Stelle der Eltern verfügbar zu machen. Das läßt sich am leichtesten mit eigenen Kindern und mit Patienten machen, die zuweilen wie Kinder vom Analytiker abhängig sind. Ein analytisch begabter Patient, ein Patient mit »Antennen« für das Unbewußte des Analytikers, wird prompt darauf reagieren. Er wird ein vollendetes Bild seines Ödipuskomplexes vor dem Analytiker ausbreiten, mit allen gewünschten Affekten und Einsichten. Allein – es wird ein »Als-ob-Ödipus« sein, eine Abwehr seiner wahren Gefühle. Erst wenn man ihm Zeit und Raum läßt, sein wahres Selbst sich entwickeln und reden zu lassen und darauf zu hören, entfaltet sich vor den beiden (Analysand und Analytiker) die unbekannte, einmalige Geschichte *seines* ödipalen Schicksals, die langsam auftaucht und keiner Theorien bedarf, aber für beide erschütternd ist, weil sie die *in Schmerzen gefundene Wahrheit* erzählt.

Das gilt nicht nur für den Ödipuskomplex, das gilt für alles. Ein solcher Analysand wird sich auch schnell autonom »fühlen« und wird so reagieren, wenn er spürt, daß es dem Analytiker wichtig ist, schnell autonome Analysanden mit sicherem Auftreten zu bekommen. Das kann er auch, er kann alles, was von ihm erwartet wird. Aber diese »Autonomie« mündet in die Depression, weil sie keine echte ist. Der echten geht das Erlebnis der Abhängigkeit voraus, zunächst von Partnern und vom Analytiker und anschließend von den primären Objekten. Erst *jenseits* des tief ambivalenten Gefühls der *kindlichen Abhängigkeit* liegt die echte Befreiung.[1]

Die narzißtischen Wünsche des Analytikers nach Bestätigung, Echo, Verstanden- und Ernstgenommenwerden befriedigt der Patient, wenn er solches Material bringt, das zum gelernten Rüstzeug des Analytikers, zu seinen Konzepten, folglich zu seinen Erwartungen paßt. Der Analytiker übt damit die gleiche Art *unbewußter Manipulation* aus, der er als Kind selbst ausgesetzt war. Die bewußte Manipulation hat er ja längst durchschaut und sich von ihr freigemacht. Er lernte auch, »nein« sagen, seine Ansichten vertreten und durchsetzen zu können. Aber die unbewußte Manipulation ist für ein Kind niemals durchschaubar. Sie ist die Luft, die es atmet, es kennt keine andere, und sie erscheint ihm als die einzig normale.

1 Die hier formulierten Thesen beruhen zwar auf meinen Erfahrungen, aber sie lassen sich auch durch Erfahrungen anderer Analytiker verdeutlichen. Vgl. dazu z. B. die Kasuistik von M. Stern, 1972, oder M. Khan, 1974.

So durfte z. B. ein Analysand als Kind nicht traurig sein und nicht weinen, ohne zu spüren, daß er seine geliebte Mutter unglücklich und zutiefst unsicher machte, denn »Heiterkeit« war die Eigenschaft, die ihr seinerzeit als Kind das Leben gerettet hatte. Tränen bei ihren Kindern drohten ihr Gleichgewicht zu erschüttern. Aber das hochsensible Kind spürte in sich den ganzen abgewehrten Abgrund dieser Mutter, die als Kind im Konzentrationslager gewesen war und nie davon gesprochen hatte. Erst als der Sohn erwachsen war und sie mit Fragen angehen konnte, erzählte sie, daß sie eines von achtzig Kindern gewesen war, die zuschauen mußten, wie ihre Eltern in die Gaskammer gingen. Keines der Kinder hätte geweint!

Der Sohn hatte in seiner ganzen Kindheit versucht, heiter zu sein, und konnte sein wahres Selbst, seine Gefühle und Ahnungen nur in zwanghaften Perversionen leben, die ihm bis zur Analyse fremd, beschämend und unverständlich vorkamen. (Das Selbstbeschämende in Perversionen und Zwangshandlungen ist oft als Introjektion der Befremdung der Eltern den ganz natürlichen kindlichen Triebregungen gegenüber zu verstehen. Eine »normale« Sexualbefriedigung evoziert noch kein Entsetzen der introjizierten Mutter wie früher der realen, aber eine pervertierte kann sicher damit rechnen. Vgl. S. 139 ff.)

Gegen diese Art von Manipulation in der Kindheit ist man völlig wehrlos. Das Tragische ist, daß auch die Eltern diesem Geschehen wehrlos ausgeliefert sind, von dem sie oft nichts wissen und an dem sie, auch wenn sie es ahnen, nichts ändern können. Bewußt wird da alles andere versucht, ehrlich und mit vollem Einsatz der eigenen Möglichkeiten. Unbewußt setzt sich aber die Tragik der elterlichen Kindheit in der Beziehung zu den eigenen Kindern fort.[2]

Ein anderes Beispiel mag das noch deutlicher illustrieren: Ein Vater, der als Kind öfters über die Angstanfälle seiner zeitweise schizophrenen Mutter erschrocken war, ohne daß jemand ihm eine Erklärung gegeben hätte, erzählte seiner kleinen geliebten Tochter gerne Schauergeschichten. Über ihre Angst machte er sich lustig, um sie anschließend immer mit dem Satz zu beruhigen: das ist doch eine erfundene Geschichte, du brauchst dich nicht zu fürchten, du bist bei mir. So konnte er die Angst des Kindes manipulieren und sich stark dabei fühlen. Bewußt wollte er dem Kind etwas Gutes geben, etwas, das er selber entbehrte, nämlich Beruhigung, Schutz, Erklärung. Was er ihm aber unbewußt auch vermittelte, war die Angst seiner Kindheit, die Erwartung eines Unglücks und die ungeklärte Frage (auch seiner Kindheit): *Warum macht mir der*

2 Zum tragischen Aspekt der Psychoanalyse vgl. Schafer, 1972.

Mensch, den ich liebe und der mich liebt, *so viel Angst?*

Jeder Mensch hat wohl in sich eine mehr oder weniger vor sich selbst verborgene Kammer, in der sich die Requisiten seines Kindheitsdramas befinden. Vielleicht ist es sein geheimer Wahn, seine geheime Perversion oder ganz schlicht der unbewältigte Teil seines Kinderleidens. Die einzigen Menschen, die mit Sicherheit Zutritt zu dieser Kammer bekommen werden, sind seine Kinder. Mit den eigenen Kindern kommt neues Leben in die Kammer, das Drama erfährt seine Fortsetzung. Allein – das Kind hatte keine Möglichkeit, mit diesen Requisiten frei zu spielen, seine Rolle verschmolz ihm mit dem Leben; es konnte auch keine Erinnerung an dieses Spiel in sein späteres Leben hinüberretten, es sei denn durch seine unbewußte Wiederholung in einer Analyse, wo ihm seine Rolle zur Frage werden kann. Die Requisiten machten ihm zwar manchmal Angst, es konnte sie mit der sonstigen vertrauten Person seiner Mutter oder seines Vaters nicht in Zusammenhang bringen, begreiflicherweise, denn sie verkörperten ja den abgespaltenen, nicht integrierten Teil der Eltern. Aber das Kind kann diesen Widerspruch gar nicht bewußt erleben, es nimmt einfach alles hin und entwickelt höchstens Symptome. Und dann, in der Analyse, tauchen die Gefühle auf: Gefühle des Entsetzens, der Verzweiflung und Auflehnung, des Mißtrauens und – falls die Rekonstruktion des elterlichen Schicksals gelingt – des Mitleids und der Versöhnung.

Ist es wohl ein Zufall, daß gerade Heinrich Pestalozzi, der von seinem sechsten Lebensjahr an vaterlos aufgewachsen und trotz Mutter und Kinderfrau emotional verwahrlost war, ausgerechnet bei seinem einzigen Sohn die Idee hatte, ihn nach der Methode Rousseaus zu erziehen, während er andererseits fähig war, den fremden Waisenkindern echte spontane Wärme und »Väterlichkeit« zu geben?[3]

Der Sohn wuchs schließlich verwahrlost auf, galt im Alter von zehn Jahren als »geistesschwach«, war für Pestalozzi die Ursache vieler Schmerzen und Schuldgefühle und starb mit dreißig Jahren (vgl. H. Ganz, 1966 und M. Lavater-Sloman, 1977).

3 Bei H. Ganz (1966) lesen wir: »Jakobli soll einen eignen Garten besorgen, Pflanzen dreinsammeln, ›Puppen und Käfer mit Ordnung, Genauigkeit und Fleiß sammeln und aufbewahren . . ., welche Zäume für Trägheit und Wildheit‹. Jakobli zählt nun *dreieinhalb Jahre*.
Es mag ein Jahr später gewesen sein, als Jakobli, der nicht schreiben konnte, seiner Mama zum Namenstag des Papa ›halb singend, halb murmelnd‹ heiter diktierte: ›Ich wünsche meinem lieben Papa . . . daß Du viel mehr erlebest und ich danke Dir hunderttausendmal für Deine Guttaten . . . *daß Du mich so lustig und so lieb auferzogen hast*. Jetzt will ich Dir sagen, wie's mir aus dem Herzen geht ... *es freut mich schrecklich, wenn du kannst sagen, ich habe meinen Sohn zur Freud aufgezogen . . . ich bin seine Lust und seine Freude,* dann will ich erst danken für das, was Du in meinem Leben getan hast‹ . . .« (S. 53).

Und es ist Pestalozzi, der einmal gesagt haben soll: »Du kannst den Teufel aus deinem Garten verjagen, doch im Garten deines Sohnes findest du ihn wieder.« Psychoanalytisch würde man sagen: es sind die abgespaltenen, nicht integrierten Teile der Eltern, die vom Kind introjiziert werden.

SCHLUSSBEMERKUNGEN

Je mehr man Einsicht gewinnt in die ungewollte, unbewußte Manipulation der Kinder durch die Eltern, desto weniger bleiben einem Illusionen über die Veränderbarkeit der Welt und die Neurosen-Prophylaxe erhalten. Es scheint mir: wenn wir überhaupt etwas tun können, dann unsere narzißtische Störung so zu verarbeiten, unsere abgespaltenen Teile so weit zu integrieren, daß wir es nicht mehr so nötig haben, unsere Patienten von unseren Theorien her unbewußt zu manipulieren, und sie das werden lassen können, was sie sind. Erst das schmerzhafte Erlebnis und die Annahme der eigenen Wahrheit macht uns von der Hoffnung relativ frei, doch noch die verstehende, empathische Mutter – vielleicht im Patienten – zu finden und sie sich – mit klugen Deutungen – verfügbar machen zu können.
Diese Versuchung ist nicht zu unterschätzen: selten oder niemals hat uns wohl die eigene Mutter

mit der Aufmerksamkeit zugehört, wie ein Patient es meistens tut, und niemals hat sie uns so aufrichtig und für uns verständlich ihr Inneres preisgegeben, wie es zuweilen die Patienten tun. Aber die nie abgeschlossene Trauerarbeit unseres Lebens wird uns helfen, dieser Illusion nicht zu verfallen. Eine Mutter, wie wir sie einmal dringend gebraucht hätten – empathisch und offen, verstehend und verständlich, verfügbar und verwendbar, durchsichtig, klar, ohne unbegreifliche Widersprüche, ohne beängstigende Requisitenkammer –, eine solche Mutter haben wir nicht gehabt, und die kann es ja gar nicht geben, denn jede Mutter hat in sich ein Stück »unbewältigter Vergangenheit«, das sie dem Kind unbewußt vermittelt. Jede Mutter kann nur da empathisch sein, wo sie von ihrer Kindheit freigeworden ist, und *muß* unempathisch reagieren, sofern sie durch Verleugnungen ihres Schicksals unsichtbare Ketten trägt.

Was es aber gelegentlich gibt, sind solche Kinder: intelligent, wach, aufmerksam, hochsensibel und, weil ganz auf das Wohl der Mutter ausgerichtet, auch verfügbar, verwendbar und vor allem durchsichtig, klar, berechenbar, manipulierbar – solange ihr wahres Selbst (ihre Gefühlswelt) im Keller des durchsichtigen Hauses bleibt, in dem sie wohnen müssen . . . zuweilen bis zur Pubertät oder bis zur eigenen Analyse und nicht selten, bis sie selber Eltern geworden sind.

In den »Lettres de Mon Moulin« von Alphonse Daudet habe ich eine Erzählung gefunden, die etwas bizarr klingen mag, aber viel Gemeinsames mit diesen Ausführungen hat. Zum Abschluß möchte ich ihren Inhalt verkürzt wiedergeben.

Es war einmal ein Kind mit einem goldenen Gehirn. Die Eltern merkten es erst zufällig, bei einer Kopfverletzung, als statt Blut etwas Gold aus seinem Kopf herausfloß. Sie fingen an, das Kind sorgsam zu behüten und verboten ihm den Umgang mit anderen Kindern, damit es nicht bestohlen werde. Als der Junge groß war und in die Welt hinaus wollte, sagte die Mutter: »Wir haben so viel für dich getan, wir sollten doch auch an deinem Reichtum teilhaben.« Da nahm der Sohn ein großes Stück Gold aus seinem Gehirn und gab es der Mutter. Er lebte von seinem Reichtum auf großem Fuß, mit einem Freund zusammen, der ihn aber nachts einmal bestahl und sich davonmachte. Da beschloß der Mann, fortan sein Geheimnis zu hüten und zu arbeiten, weil sich die Vorräte zusehends verminderten. Eines Tages verliebte er sich in ein schönes Mädchen, das ihn auch liebte, aber nicht minder die schönen Kleider, die es von ihm in Fülle bekam. Er heiratete das Mädchen und war glücklich, aber die Frau starb nach zwei Jahren, und für ihr Begräbnis, das großartig sein mußte, gab der Mann sein ganzes restliches Vermögen aus. Einmal schlich er durch die Straßen, schwach, arm und unglücklich; da sah er im Schaufenster schöne Stiefelchen, die seiner Frau genau gepaßt hätten. Er vergaß, daß die Frau nicht mehr am Leben war – vielleicht, weil sein entleertes Gehirn nicht mehr arbeiten konnte –, und trat in den Laden ein, um die Stiefelchen zu kaufen. Aber in dem Moment stürzte er, und der Verkäufer sah einen Toten auf dem Boden liegen.

Daudet, der selbst an einer Rückenmarkkrankheit sterben sollte, schreibt am Schluß: »Diese Geschichte scheint erfunden zu sein, aber sie ist wahr vom Anfang bis zum Ende. Es gibt Menschen, die für die geringsten Dinge im Leben *mit ihrer Substanz* und ihrem Rückenmark zu bezahlen haben. Das ist für sie ein immerwiederkehrender Schmerz. Und dann, wenn sie des Leidens müde sind . . .«

Gehört nicht die Mutterliebe zu den »geringsten«, aber auch unentbehrlichsten Dingen im Leben, die viele Menschen – paradoxerweise – mit dem Verzicht auf ihre Lebendigkeit bezahlen müssen?

NACHTRAG

In verschiedenen Zuschriften, die ich im Anschluß an diesen Vortrag erhalten habe, spiegelt sich ein gemeinsames Schicksal der zwischen 1939 und 1945 geborenen Menschen. Die meisten dieser Kinder haben die ersten Jahre ihres Lebens neben einer Mutter verbracht, die durch den Krieg oder Verfolgung noch mehr als sonst verunsichert und verängstigt und auf die Einfühlung ihres Kindes in hohem Maße angewiesen war. Diese narzißtisch besetzten Kinder mußten all ihre Qualitäten einsetzen, um der Mutter beizustehen und ihr Sorgen zu ersparen, worunter die Entwicklung ihres wahren Selbst beträchtlich gelitten hat. Sie stehen jetzt im Alter zwischen dreißig und vierzig Jahren, und es geschieht zuweilen, daß sie einige Jahre Analyse brauchen, um selber Gefühle von Angst, Zorn oder Verwirrung bewußt erleben zu können. Es ist, als ob bisher nur der Mutter das Recht auf solche Gefühle hat zugesprochen werden können.

Depression und Grandiosität als wesensverwandte Formen der narzißtischen Störung

EINLEITUNG

Ich möchte versuchen, einige Gedanken auszuführen, die sich mir im Laufe der Jahre aus meiner analytischen Tätigkeit ergeben haben. Diese Tätigkeit umfaßt vor allem Analysen und Kontrollen, aber auch zahlreiche einzelne Besprechungen mit Menschen, die einen Analytiker gesucht und eine oder zwei Stunden mit mir gesprochen haben. Gerade in diesen kurzen Begegnungen tritt die Tragik des einzelnen Schicksals mit einer erschütternden Deutlichkeit und Intensität zutage. Was als Depression bezeichnet und als Leere, Sinnlosigkeit des Daseins, Verarmungsangst und Einsamkeit empfunden wird, erweist sich mir immer wieder als die Tragik des Selbstverlustes bzw. der Selbstentfremdung, wie sie in unserer Generation und unserer Gesellschaft fast regelmäßig anzutreffen ist. Dank der jahrelangen Rekonstruktionsarbeit mit meinen Analysanden glaube ich, den Ursprüngen dieser Selbstentfremdung in der Kindheit nähergekommen zu sein.

Die von M. Mahler, R. Spitz und J. Robertson formulierten Beobachtungen von frühen Mutter-Kind-Interaktionen bestätigen meine Vermutungen. Bei der Lektüre D. Winnicotts fühlte ich mich mit meinen Gedanken verstanden und ermutigt, auf diesem Wege weiterzugehen. Schließlich ermöglichten mir H. Kohuts Studien über

den Narzißmus die Konzeptualisierung der gewonnenen Zusammenhänge – dank seinem Begriff der *narzißtischen Besetzung*.
Ich werde im folgenden auf die metapsychologische Sprache der Strukturtheorie verzichten und versuchen, die herauszustellenden Zusammenhänge auf dem Hintergrund der Mutter-Kind-Beziehung zu entwickeln. Selbstverständlich spielt sich ein großer Teil der hier geschilderten Vorgänge intrapsychisch ab, aber die Objektbeziehung ist ja jeder Internalisierung ohnehin vorausgegangen, und ihre Sprache scheint mir bildhafter, gefühlsnäher und für einen Teil der Analytiker verständlicher zu sein.

SCHICKSALE DER NARZISSTISCHEN BEDÜRFNISSE

Nach H. Kohut besetzen wir ein Objekt narzißtisch, wenn wir es nicht als Zentrum seiner eigenen Aktivitäten erleben, sondern als Teil von uns selbst. Verhält sich der andere Mensch nicht, wie wir es erwarten oder brauchen, so sind wir unter Umständen maßlos enttäuscht oder gekränkt, vergleichbar etwa der Situation, wenn unser Arm uns plötzlich nicht gehorchen würde oder selbstverständliche Funktionen (wie das Gedächtnis) aussetzen sollten. Der plötzliche Verlust der Kontrolle kann auch zu einer intensiven – narzißtischen – Wut führen (vgl. H. Kohut, 1971, 1973). Eine derartige Haltung ist bei Erwachsenen viel öfters anzutreffen, als es den Anschein hat, mögen wir sie noch so gern als pathologisch, unrealistisch oder egozentrisch bezeichnen. Doch am Ursprung des menschlichen Lebens ist sie die einzig mögliche Haltung. Nicht nur in der Zeit des primären Narzißmus (in der symbiotischen Phase), sondern auch nach der allmählichen Trennung zwischen Selbst- und Objektrepräsentanz ist die Mutter – im Normalfall – das narzißtisch besetzte Objekt, sie ist die Funktion des sich bildenden Individuums.

Jedes Kind hat das legitime narzißtische Bedürfnis, von der Mutter gesehen, verstanden, ernstgenommen und respektiert zu werden. Es ist darauf angewiesen, in den ersten Lebenswochen und Monaten über die Mutter verfügen zu können, sie zu gebrauchen, von ihr gespiegelt zu werden. Am schönsten läßt sich das veranschaulichen mit einem Bild von Winnicott: Die Mutter schaut das Baby an, das sie im Arm hält, das Baby schaut in das Antlitz der Mutter und findet sich selbst darin . . . vorausgesetzt, daß die Mutter wirklich das kleine einmalige, hilflose Wesen anschaut und nicht ihre *eigenen* Introjekte, auch nicht *ihre* Erwartungen, Ängste, Pläne, die sie für das Kind schmiedet, auf das Kind projiziert. Im letzteren

Fall findet das Kind im Antlitz der Mutter nicht sich selbst, sondern die Not der Mutter. Es selbst bleibt ohne Spiegel und wird in seinem ganzen späteren Leben vergeblich diesen Spiegel suchen.

I. Gesunder Narzißmus

Hat ein Kind das Glück, bei einer spiegelnden Mutter aufzuwachsen, die sich narzißtisch besetzen läßt, die verfügbar ist, d. h. sich zur Funktion der narzißtischen Entwicklung des Kindes »nutzbar machen« läßt, wie M. Mahler (1972) sagt, so kann im heranwachsenden Kind allmählich das gesunde Selbstgefühl entstehen. Im optimalen Fall ist es eine Mutter, die auch ein freundliches affektives Klima und das Verständnis für die Bedürfnisse des Kindes bietet. Aber auch nicht sehr warmherzige Mütter können diese Entwicklung ermöglichen, wenn sie sie nur nicht hindern. Dann kann sich nämlich das Kind bei anderen Personen das holen, was seiner Mutter fehlt. Verschiedene Untersuchungen zeigen diese unerhörte Fähigkeit des gesunden Kindes, jede noch so geringe affektive »Nahrung« (Anregung) in der Umgebung zu nutzen.

Unter *gesundem Selbstgefühl* verstehe ich die unangezweifelte *Sicherheit,* daß empfundene Gefühle und Wünsche *zum eigenen Selbst gehören.* Diese Sicherheit wird nicht reflektiert, sie ist da, wie der Pulsschlag, den man nicht beachtet, solange er in Ordnung ist.

In diesem unreflektierten, selbstverständlichen Zugang zu eigenen Gefühlen und Wünschen findet der Mensch seinen Halt und seine *Selbstachtung*. Er darf seine Gefühle leben, darf traurig, verzweifelt oder hilfsbedürftig sein, ohne Angst haben zu müssen, die introjizierte Mutter damit unsicher gemacht zu haben. Er darf Angst haben, wenn er bedroht wird, darf böse werden, wenn er seine Wünsche nicht befriedigen kann. Er weiß nicht nur, was er nicht will, sondern auch, was er will, und darf es zum Ausdruck bringen, unabhängig davon, ob er dafür geliebt oder gehaßt wird.

Es sollen im folgenden einige Merkmale der gelungenen narzißtischen Entwicklung aufgezählt werden, unter der Voraussetzung, daß hier, wie auch später, idealtypische Konstruktionen von Erscheinungen beschrieben werden, die in der Realität immer nur in Annäherung anzutreffen sind. Statt vom »gesunden Narzißmus« könnte man hier auch von innerer Freiheit und Lebendigkeit sprechen.

1. *Aggressive Regungen* konnten neutralisiert werden, weil sie die Sicherheit und Selbstachtung der Mutter nicht erschüttert haben.

2. *Autonomie-Bestrebungen* wurden nicht als Angriff erlebt.

3. Das Kind durfte »*gewöhnliche*« Regungen (wie Eifersucht, Zorn, Trotz) haben und ausleben,

weil es nicht von der Mutter zu etwas »Besonderem« gebraucht, vielleicht zum Aushängeschild ihrer eigenen ethischen Haltung bestimmt wurde.

4. Es mußte (im optimalen Falle) niemandem gefallen, durfte das wachsen lassen und *zeigen,* was auf jeder Entwicklungsstufe in ihm lebendig war.

5. Es konnte die Eltern »brauchen«, im Sinne von Winnicott »verwenden«, weil sie von ihm unabhängig waren.

6. Diese Voraussetzungen ermöglichten ihm eine erfolgreiche *Trennung von Selbst- und Objektrepräsentanzen.*

7. Weil es ambivalente Gefühle zeigen durfte, konnte das Kind lernen, sowohl sein Selbst als auch das Objekt als »*gut und böse*« zu erleben und mußte nicht das »böse« vom »guten« Objekt abspalten.

8. Eine *Objektliebe* wurde möglich, da auch das Kind von seinen Eltern als getrenntes Wesen geliebt wurde.

9. Die narzißtischen Bedürfnisse des Kindes konnten, unter der Voraussetzung der phasengerechten und nicht traumatischen Versagung, *integriert* und mußten nicht verdrängt oder abgespalten werden.

10. Die Integration ermöglichte ihre Umformung sowie den Aufbau einer triebregulierenden Matrix aufgrund der eigenen *Probe- und Irrtum-Erfahrungen.*

Was geschieht, wenn die Mutter nicht nur nicht imstande ist, die narzißtischen Funktionen für das Kind zu übernehmen, sondern selbst narzißtisch bedürftig ist, was sehr häufig vorkommt? Dann wird die Mutter, völlig unbewußt und entgegen ihrem guten Willen, mit Hilfe ihres Kindes ihre eigenen narzißtischen Bedürfnisse zu befriedigen suchen, *sie wird ihr Kind narzißtisch besetzen*. Das schließt eine starke affektive Zuwendung nicht aus. Im Gegenteil. Aber es fehlen dieser »Liebe« u. a. die Kontinuität und Konstanz, die so wichtig wären, es fehlt ihr vor allem der Raum, in dem das Kind *seine* Gefühle, *seine* Empfindungen erleben könnte. Das Kind entwickelt dann etwas, das die Mutter braucht und das ihm im Moment zwar das Leben (die Liebe der Mutter oder des Vaters) rettet, aber es evtl. lebenslänglich daran hindert, es selbst zu sein. In einem solchen Fall können die zum Alter des Kindes gehörenden natürlichen narzißtischen Bedürfnisse, wie ich sie oben geschildert habe, nicht als Teil der sich bildenden Persönlichkeit integriert werden, sondern werden abgespalten, teilweise verdrängt und behalten ihre archaische Form, wodurch ihre spätere Integration noch zusätzlich erschwert wird.

»Es ist das spezifische unbewußte Bedürfnis der Mutter«, lesen wir bei M. Mahler, »das von den zahllosen Möglichkeiten des Kindes eben jene aktiviert, die für jede Mutter ›das Kind‹ schaffen, das ihre eigenen *einzigartigen* und individuellen Bedürfnisse widerspiegelt . . .« (1972). Mit anderen Worten, die Mutter vermittelt in unendlich vielfältiger Weise einen »spiegelbildlichen Bezugsrahmen«, dem sich das primitive Selbst des Kleinkindes *anpaßt*. Wenn die »primäre Beschäftigung mit ihrem Kind, d. h. *ihre* Spiegelfunktion während der frühkindlichen Periode *unberechenbar, unsicher, angsterfüllt* oder *feindselig* ist, wenn ihr Vertrauen zu sich selbst als Mutter schwankend ist, dann muß das Kind in der Phase der Individuation ohne einen verläßlichen Bezugsrahmen für die . . . gefühlsmäßige Rückversicherung bei seinem symbiotischen Partner auskommen. Das Ergebnis wird dann eine Störung des primitiven Selbstgefühls sein.« (1972, S. 25; Hervorhebungen von mir – A. M.)

Bis auf zwei Ausnahmen waren sämtliche Mütter meiner Patienten narzißtisch gestörte, in höchstem Maß unsichere und oft an Depressionen leidende Persönlichkeiten. Das Kind, das einzige oder häufig das erste, war für sie das narzißtisch besetzte Objekt. Was die Mutter seinerzeit bei ihrer Mutter nicht bekommen hat, kann sie bei ihrem Kind finden: Es ist verfügbar, kann als Echo gebraucht werden, läßt sich kontrollieren, ist ganz auf sie zentriert, verläßt sie nie, gibt ihr Aufmerksamkeit und Bewunderung. Wenn es sie mit seinen Bedürfnissen überfordert (wie seinerzeit die Mutter), dann ist sie ja nicht mehr so wehrlos, sie läßt sich nicht tyrannisieren, sie kann das Kind *erziehen,* damit es nicht schreit und nicht stört. Sie kann sich endlich Rücksicht und Respekt verschaffen.

Dieser Sachverhalt läßt sich am besten an einem Beispiel illustrieren. Eine Patientin, selber Mutter von vier Kindern, brachte in ihrer Analyse nur spärliche Erinnerungen an ihre eigene Mutter. Sie schilderte sie zu Beginn der Behandlung als eine gefühlvolle, warmherzige Frau, die ihr schon früh »offen ihre Sorgen erzählte«, sehr um ihre Kinder besorgt war und sich für die Familie opferte. Sie mußte die Fähigkeit gehabt haben, sich gut in andere Menschen einfühlen zu können, denn innerhalb der Sekte, in der die Familie lebte, wurde sie oft um Rat gefragt. Auf die Tochter wäre die Mutter besonders stolz gewesen, berichtete die Patientin. Jetzt sei sie schon alt und gebrechlich, und die Patientin sei sehr um die Gesundheit ihrer Mutter besorgt, träume oft, der Mutter sei etwas passiert, und sie erwache mit starken Ängsten.

Im weiteren Verlauf der Analyse, durch die in der Übertragung auftauchenden Gefühle, veränderte sich das Bild der Mutter. Vor allem, als die Zeit der Reinlichkeitserziehung aktuell wurde, erlebte die Patientin ihre Mutter in mir als herrschsüchtig, anspruchsvoll, kontrollierend, manipulierend, böse, kalt, dumm, kleinkariert, zwanghaft, leicht beleidigt, exaltiert, unecht und überfordernd. Auch wenn sich in dieses Bild projektiv die so lange aufgestaute Wut der Tochter mischte, enthielten Erinnerungen aus der Kindheit tatsächlich auch solche Züge.

Erst im Verlauf der Analyse, in der sie zunächst vieles aus ihrer Kindheit inszenieren mußte, konnte die Patientin an ihrer Beziehung zu ihren eigenen vier Kindern entdecken, wie ihre Mutter wirklich gewesen war. Gegen Ende ihrer Analyse meinte sie, die Mutter sei tatsächlich manchmal kalt und böse zu ihr gewesen, wenn sie sich der Tochter gegenüber *unsicher fühlte*. Sie sei sehr ängstlich besorgt um das Kind gewesen, weil sie die Aggressionen und den Neid auf die Tochter mit dieser Reaktionsbildung abwehren konnte. Da die Mutter als Kind selbst sehr gedemütigt worden war, mußte sie sich bei der Tochter Geltung verschaffen. Allmählich vereinten sich die zwei verschiedenen Bilder von der liebevollen Mutter und der bösen Hexe zum Bild eines Menschen, der aus eigener Schwäche, Unsicherheit und Kränkbarkeit sich das *Kind verfügbar machen mußte*. Im Grunde war die nach außen so gut funktionierende Mutter beim eigenen Kind selbst ein Kind geblieben. Die Tochter hingegen übernahm die verständnisvolle, sorgende Rolle, bis sie bei ihren eigenen Kindern das anspruchsvolle Kind in sich entdeckte, das, wie unter einem

Zwang, sich die andern verfügbar zu machen suchte.

Nicht alle Kinder narzißtisch bedürftiger Mütter müssen unter dieser Störung leiden. Die Geschwister bekommen meistens etwas freien Raum, wenn das eine Kind die besondere Rolle bereits innehat. Auch Kinder, die von Anfang an bei Ammen oder andern fremden Pflegepersonen aufwuchsen, sind meistens frei, ihre Eigenart zu entwickeln, weil sie seltener narzißtisch besetzt sind.

Honoré de Balzac schildert in seinem Roman »Die Lilie im Tal« seine Kindheit. Die Mutter bevorzugte seinen Bruder, übergab Honoré zuerst einer Amme und dann sehr früh einem Institut. Er litt sehr darunter und umwarb sein ganzes Leben lang diese Mutter in verschiedenen Frauengestalten. Aber vielleicht war es ein Glück, daß er von *dieser Mutter* nicht zu ihrem Aushängeschild gemacht worden war. Die Hoffnungslosigkeit seiner Werbung erhielt ihm die Möglichkeit, *seinen* ganzen Gefühlsreichtum und seine Leidensfähigkeit so frei zu entwickeln, wie es selten anzutreffen ist. Ähnliches gilt vielleicht für van Gogh, dessen Mutter dem ersten, sehr früh verstorbenen und stark idealisierten Vincent ihr ganzes Leben nachgetrauert hat (vgl. H. Nagera, 1973).

Das narzißtisch besetzte Kind hat die Chancen, seine intellektuellen Funktionen ungestört zu ent-

wickeln, nicht aber seine Gefühlswelt, und das hat schwerwiegende Konsequenzen für sein Wohlbefinden. Der Intellekt übernimmt zwar eine prothetische Funktion von unschätzbarem Wert, indem er die Abwehr stärkt. Doch dahinter kann sich die narzißtische Störung noch vertiefen.
Es sind in der Praxis verschiedene Mischformen und Nuancen der narzißtischen Störung vorzufinden. Der Klarheit halber versuche ich, zwei extreme Formen zu schildern, wobei ich die eine als die Kehrseite der anderen anschauen würde: die Grandiosität und die Depression. Bei manifester Grandiosität lauert ständig die Depression und hinter der depressiven Verstimmung verbergen sich oft unbewußte oder zwar bewußte, aber abgespaltene Größenphantasien. Eigentlich ist die Grandiosität die Abwehr gegen die Depression und die Depression die Abwehr des tiefen Schmerzes über den Selbstverlust.

1. Die Grandiosität

Der »grandiose« Mensch *wird überall bewundert*, und er braucht diese Bewunderung, kann gar nicht ohne sie leben. Er *muß* alles, was er unternimmt, glänzend machen, und er kann es auch (etwas anderes unternimmt er eben nicht). Auch *er* bewundert sich – seiner Eigenschaften wegen: seiner Schönheit, Klugheit, Begabung, seiner Erfolge und Leistungen wegen. Wehe aber, wenn etwas davon aussetzt, die Katastrophe einer schweren Depression steht dann vor der Türe. Man findet es allgemein natürlich, wenn kranke oder alte Menschen, die vieles verloren haben, wenn Frauen im Klimakterium z. B. depressiv werden. Aber es gibt doch auch andere Persönlichkeiten, die den Verlust von Schönheit, Gesundheit, Jugend oder geliebten Menschen ertragen können, und zwar mit Trauer, aber ohne Depression. Und umgekehrt: es gibt Menschen mit großen Gaben, die an schweren Depressionen leiden – gerade die Begabtesten. Man ist aber frei von Depressionen, wo das Selbstwertgefühl in der Echtheit der eigenen Gefühle wurzelt und nicht im Besitz bestimmter Qualitäten.

Der Zusammenbruch des Selbstwertgefühls beim »grandiosen« Menschen zeigt mit aller Schärfe, wie es eigentlich in der Luft, »an einem Luftballon« (Traum einer Patientin) gehangen hatte, bei gutem Wind zwar hoch hinaufflog, aber plötzlich ein Loch bekam und nun wie ein kleines Fetzchen am Boden liegt. Vom Eigenen ist nichts entwickelt worden, das später einen Halt hätte bieten können.

Die Partner (einschließlich der Sexualpartner) des »grandiosen« Menschen sind ebenfalls narzißtisch besetzt. Die Anderen sind da, um ihn zu bewundern, und er selber ist ständig mit Leib und Seele damit beschäftigt, die Bewunderung zu bekommen (zu verdienen). Darin äußert sich seine *quälende Abhängigkeit*. Das Trauma der Kindheit wird wiederholt: Er ist immer das von der Mutter bewunderte Kind, aber zugleich spürt er, daß, solange seine Eigenschaften bewundert werden, er doch nicht als der, der er jeweils ist, geliebt wird.

Neben dem *Stolz* auf ein Kind verbirgt sich gefährlich nahe die *Scham*, falls es die an es gestellten Erwartungen nicht erfüllt.[1] Die tragische Verknüpfung von Bewunderung und Liebe ist für den Grandiosen nicht zu trennen. Im Wiederho-

1 In einer Feldstudie aus Chestnut Lodge wurde 1954 die familiäre Umwelt von 12 Patienten mit manisch-depressiver Psychose untersucht. Die Ergebnisse dieser Studie bestätigen in hohem Maße meine auf ganz anderen Wegen gewonnenen Erkenntnisse über die Ätiologie der Depression und, wie ich meine, der narzißtischen Störung überhaupt.

»Alle Patienten stammten aus Familien, die sich sozial isoliert und in ihrer Umgebung wenig geachtet vorkamen. Sie setzten daher alles ein, um durch Konformität und besondere Leistungen ihr Prestige bei den Nachbarn zu erhöhen. In diesem Streben wurde dem später erkrankenden Kind eine besondere Rolle zugedacht. Es hatte die Familienehre zu garantieren und wurde nur insoweit geliebt, als es, *kraft besonderer Fähigkeiten, Begabungen, seiner Schönheit etc.* (Hervorhebung von mir – A. M.) in der Lage war, die familiären Idealforderungen zu erfüllen. Wenn es dabei versagte, wurde es mit totaler Kaltstellung, Verbannung aus dem Familienverband und der Gewißheit bestraft, tiefe Schande über seine Leute gebracht zu haben« (zitiert nach M. Eicke-Spengler, 1977, S. 1104).

Die soziale Isolierung der Familien habe ich auch bei meinen Patienten gefunden, aber sie war nicht Ursache, sondern Folge der narzißtischen Störung der Eltern.

lungszwang sucht er unersättlich die Bewunderung, die ihm doch nie genügt, weil Bewunderung mit Liebe nicht identisch ist. Sie ist eine Ersatzbefriedigung für das unbewußt gebliebene primäre Bedürfnis nach Achtung, Verständnis, Ernstgenommenwerden.

Als Kernberg vom auffallend starken Neid bei narzißtisch gestörten Persönlichkeiten in einer Diskussionsgruppe auf dem Pariser Kongreß 1973 sprach, bemerkte er wie nebenbei: »Diese Menschen sind auf alles neidisch, sogar auf die Objektbeziehungen der anderen.« Man könnte sich vorstellen, daß gerade da die unbewußten Wurzeln ihres großen Neides stecken. Eine Patientin sagte einmal, es komme ihr vor, als ob sie bisher immer auf Stelzen gelaufen sei. Muß ein Mensch, der ständig auf Stelzen läuft, nicht dauernd auf diejenigen neidisch sein, die beim Laufen ihre eigenen Beine gebrauchen, auch wenn ihm diese Menschen kleiner und »mittelmäßiger« vorkommen, als er selbst? Und muß er nicht eine aufgestaute Wut in sich tragen gegen die, die ihn dazu gebracht haben, daß er ohne Stelzen nicht zu gehen wagt? So kann der Neid auf andere Dinge dank dem Abwehrmechanismus der Verschiebung zustande kommen. Im Grunde wird der Gesunde beneidet, weil er sich nicht ununterbrochen anstrengen muß, die Bewunderung zu verdienen, weil er nichts tun muß, um so oder so zu wirken, sondern in Ruhe sich erlauben kann, »durchschnittlich« zu sein.

Die manifeste Grandiosität, besonders auf erotischem Gebiet, wird oft als »phallischer Narzißmus« bezeichnet. Häufig erlebten Frauen mit der hier beschriebenen Struktur und Pathogenese ihre »Sonderstellung« auch auf sexuellem Gebiet während der ödipalen Phase (oder noch früher – in Fällen, in denen der Vater die Mutter affektiv ersetzte). Sie waren dazu durch ihre Entwicklung in der prä-ödipalen Phase, als Aushängeschild der Mutter, besonders prädestiniert. Wenn eine Verführungshaltung seitens des Vaters dazukommt, wird diese Frau bei den Männern unter dem Druck des Wiederholungszwanges immer wieder die Situation der Besonderheit suchen müssen. Sie wird auch die schmerzliche Rivalität des ödipalen Dreiecks verdrängen müssen, um ihre bevorzugte Stellung beim Vater in der Phantasie bewahren zu können. Daß sich bei ihr so keine echte Objektliebe entwickeln kann, erlebt sie schließlich als narzißtische Kränkung, weil es zu ihrem Ehrgeiz gehört, eine *volle* Frau zu sein, d. h. lieben zu können. Auch das ist sie, paradoxerweise, ihrer introjizierten und inzwischen verwandelten Mutter, schuldig.

Beim sogenannten »phallischen Mann« mögen sich die Dinge einfacher abspielen. Er ist der *besondere* Sohn seiner Mutter und ist auch, bei der

Verführungssituation, ihr bevorzugtes Sexualobjekt.[2] Der »phallische Mann« steht unter dem *Zwang,* ein Prachtskerl zu sein, will er sich überhaupt als Mann fühlen. Sobald er aber etwas Bestimmtes *sein muß* und nicht sein kann, was er ist, verliert er begreiflicherweise sein Selbstbewußtsein. Um so mehr versucht er dann, sein schwaches Selbstwertgefühl »aufzupumpen«, was zu weiterer narzißtischer Schwächung führt und so ad infinitum. Fellinis »Casanova« hat diesen Menschen und seine Not eindrücklich gezeigt.

Der grandiose Mensch ist *nie wirklich frei,* 1) weil er von der Bewunderung der Objekte enorm abhängig ist und 2) weil seine Selbstachtung von Eigenschaften, Funktionen und Leistungen abhängt, die plötzlich zusammenbrechen können.

2. *Die Depression als Kehrseite der Grandiosität*

Bei der mir bekannten Gruppe von Patienten war die Depression in vielfältiger Weise mit der Grandiosität gekoppelt.

1. Manchmal trat die Depression auf, wenn infolge schwerer Erkrankungen, Invalidität oder Alterung *die Grandiosität zusammenbrach.* So war z. B. die Quelle äußerer narzißtischer Zufuhr bei einer unverheirateten und alternden Frau

2 Vgl. die Ätiologie der Perversion bei Chasseguet-Smirgel (1973): Verleugnung der Generationenschranke, Aufhebung der narzißtischen Kränkung beim Knaben, der sich dem Vater überlegen fühlt.

langsam versiegt. Die dauernde Bestätigung durch Männer, die als Ersatz der fehlenden Spiegelung bei der Mutter gerade noch die prothetische Funktion ausüben konnte, fiel aus. Die Verzweiflung über das Altern bezog sich vordergründig auf den Ausfall sexueller Kontakte, in der Tiefe aber regten sich frühe prä-ödipale Verlassenheitsängste aus der symbiotischen Zeit, denen diese Frau mit keiner neuen Eroberung mehr entgegenwirken konnte. Alle ihre Ersatzspiegel waren zerbrochen, sie stand wieder da, hilflos und verwirrt, wie dazumal das kleine Mädchen vor dem Antlitz seiner Mutter, in dem es nicht sich selber, sondern die Verwirrung der Mutter fand.
Ähnlich können die sogenannten »phallisch-narzißtischen« Männer ihr Altern erleben, auch wenn ihnen eine neue Verliebtheit die Illusion der Jugend für eine Weile zurückgeben und damit manische Phasen in die beginnende Alterungsdepression bringen kann.

2. Diese Kombination der *phasenhaften Ablösung* zwischen Grandiosität und Depression ist auch sonst bei vielen Menschen anzutreffen. Es handelt sich um zwei Seiten der gleichen Medaille, die man als falsches Selbst bezeichnen könnte und die tatsächlich einmal für Leistungen verliehen worden ist.

So kann sich z. B. ein Schauspieler am Abend des Erfolges in den Augen des begeisterten Publikums spiegeln und Gefühle von göttlicher Größe und Allmacht erleben. Und doch können am nächsten Morgen Gefühle von Leere, Sinnlosigkeit, ja sogar Scham und Ärger auftreten, wenn das Glück am Vorabend nicht nur in der kreativen Tätigkeit des Spielens, des Ausdrucks, sondern vorwiegend in der Ersatzbefriedigung des alten Bedürfnisses nach Echo, Spiegelung, Gesehen- und Verstanden-werden wurzelt. Ist seine Kreativität von diesen Bedürfnissen relativ frei, so wird unser Schauspieler am nächsten Morgen keine Depression haben, sondern sich lebendig fühlen und schon mit anderen Inhalten beschäftigt sein. Diente aber der Erfolg am Vortag der Verleugnung der kindlichen Frustration, so bringt er – wie jeder Ersatz – nur eine momentane Stillung. Eine wirkliche Sättigung kann es ja nicht mehr geben, denn ihre Zeit ist unwiderruflich verpaßt. Das damalige Kind gibt es nicht mehr, auch die damaligen Eltern nicht. Die jetzigen – falls noch am Leben – sind inzwischen alt und abhängig geworden, üben über den Sohn keine Gewalt mehr aus, freuen sich über seine Erfolge, über seine seltenen Besuche. In der Gegenwart *gibt es Erfolg und Anerkennung,* aber diese *können nicht mehr sein, als sie sind,* sie können das alte Loch nicht ausfüllen. *Die alte Wunde kann* wiederum *nicht heilen, solange sie in der Illusion, d. h. im Rausch des Erfolges verleugnet wird.* Die Depression führt in die Nähe der Wunde, aber erst die Trauer über das Vermißte, das *in der entscheidenden Zeit Vermißte,* führt zur wirklichen Vernarbung.[3]

3. Es kommt vor, daß es einem Menschen gelingt, die Illusion der ständigen Zuwendung und der Verfügbarkeit des Selbstobjektes (dessen Fehlen in der frühen Kindheit er genauso wie seine Gefühlsreaktionen verleugnen muß) mit ununterbrochenen außergewöhnlichen Leistungen aufrechtzuerhalten. Dieser Mensch ist meistens imstande, eine drohende Depression mit verstärkter Brillanz zu verhindern und sowohl die Umgebung wie sich selbst damit zu verblüffen. Nicht selten wird da aber ein *Ehepartner* gewählt, der

3 Eine Äußerung von Igor Strawinsky kann als Beispiel von gelungener Trauerarbeit angeführt werden: »Bei mir kam das Unglück, so bin ich überzeugt, von der Tatsache, daß mein Vater mir innerlich fern war und daß auch meine Mutter mir keine Liebe entgegenbrachte. Als mein ältester Bruder unerwartet starb, meine Mutter ihre Gefühle für ihn nicht auf mich übertrug und als auch mein Vater so reserviert blieb wie stets zuvor, da beschloß ich, *eines Tages würde ich es ihnen schon zeigen.* Nun, der Tag kam, der Tag verging. Niemand, als ich, erinnert sich dieses Tages, dessen einziger Augenzeuge ich noch bin.« Im krassen Gegensatz dazu steht die Äußerung Samuel Becketts: »Man kann wohl sagen, daß ich eine glückliche Kindheit erlebt habe ... obwohl ich zum Glücklichsein nicht sehr begabt war. Meine Eltern haben all das getan, wodurch man ein Kind glücklich machen kann. Aber ich habe mich oft recht allein gefühlt.« (Beide Zitate stammen aus einem Artikel von H. Müller-Braunschweig, 1974). Hier ist das kindliche Drama völlig internalisiert worden, die Idealisierung der Eltern wurde mit Hilfe der Verleugnung aufrechterhalten, aber die unendliche Isolierung seiner Kindheit fand ihren Ausdruck in Becketts Dramen.

starke depressive Züge bereits mitbrachte oder mindestens in der Ehe die depressive Komponente des Grandiosen unbewußt übernimmt und agiert. So ist die *Depression draußen*. Man kümmert sich um den »armen« Partner, beschützt ihn wie ein Kind, fühlt sich stark und unentbehrlich und gewinnt einen zusätzlichen Stützpfeiler im Gebäude der eigenen Persönlichkeit, das keine festen Fundamente hat und auf die Pfeiler des Erfolges, der Leistung, der »Stärke« und vor allem der Verleugnung der eigenen kindlichen Gefühlswelt angewiesen ist.

4. Die Depression kann schließlich auch als eine *ständige manifeste Verstimmung* erlebt werden, die äußerlich keinen Zusammenhang mit der Grandiosität aufweist. Doch lassen sich die verdrängten oder abgespaltenen Größenphantasien des Depressiven unschwer aufspüren, z. B. in seinem moralischen Masochismus. Denn nur für ihn gilt sein *besonderer* strenger Maßstab. Die gleichen Gedanken oder Handlungen, die er bei sich, gemessen an seinem hohen Ichideal, als »gemein« oder böse bezeichnet, kann er ohne weiteres bei einem anderen Menschen tolerieren. Die anderen Menschen dürfen »gewöhnlich« sein, nur er selber eben *niemals*.

Obwohl die Depression im äußeren Erscheinungsbild der Grandiosität diametral entgegengesetzt ist und durch ihre ganze Stimmung irgendwie der Tragik des Selbstverlustes mehr Rechnung trägt, haben doch beide in der narzißtischen Störung dieselbe Wurzel. Beide signalisieren ein *inneres Gefängnis*. Der Grandiose wie der Depressive müssen *zwanghaft* die Erwartungen der introjizierten Mutter erfüllen; während aber der Grandiose das gelungene Kind der Mutter ist, wird sich der Depressive vielmehr als Versager erleben.

Sehr viele Gemeinsamkeiten können wir beobachten:

1. ein falsches Selbst, das zum Verlust des »eigentlich möglichen« Selbst geführt hat;
2. die Brüchigkeit der Selbstachtung, die nicht in der Sicherheit über das eigene Fühlen und Wollen, sondern in der Möglichkeit, das falsche Selbst zu realisieren, wurzelt;
3. Perfektionismus, ein sehr hohes Ichideal;
4. Verleugnung der verachteten Gefühle (der fehlende Schatten im Spiegelbild des Narzissos);
5. Überwiegen von narzißtischen Objektbesetzungen;
6. große Angst vor Liebesverlust, deshalb große Anpassungsbereitschaft;
7. Neid auf die Gesunden;
8. starke, aber abgespaltene, deshalb nicht neutralisierte Aggressionen;
9. Anfälligkeit für Kränkungen;
10. Anfälligkeit für Scham- und Schuldgefühle;
11. Ruhelosigkeit.

Die Depression läßt sich also verstehen als Signal des *Selbstverlustes,* der in der *Verleugnung* der eigenen Gefühlsreaktionen und Empfindungen besteht. Diese Verleugnung begann im Dienste der *lebensnotwendigen* Anpassung *aus Angst vor dem Liebesverlust* des Objektes in der Kindheit und setzt sich fort im Umgang mit den Introjekten. Darum weist die Depression auf eine sehr frühe Störung hin. Schon am Anfang, im Säuglingsalter, erfolgte ein Ausfall bestimmter affektiver Bereiche, die zu stabilem Selbstbewußtsein geführt hätten. Nach den mir aus Analysen zugänglichen Rekonstruktionen würde ich mir vorstellen, daß es Kinder gibt, die schon die frühesten Empfindungen wie z. B. Unzufriedenheit, Ärger, Zorn, Schmerzen, Freude am eigenen Körper, ja sogar das Hungergefühl, nicht frei haben erleben dürfen.[4]
Unzufriedenheit und Ärger weckten bei der Mutter Zweifel an sich *selber* in ihrer Rolle als Mutter, die Schmerzen weckten Angst, und die ausgelassene Freude am eigenen Körper aktivierte manchmal Neid, manchmal Schamgefühle »vor den Anderen« oder erschütterte die Reaktionsbil-

4 Man hört manchmal Mütter mit Stolz erzählen, daß ihre Säuglinge gelernt haben, den Hunger zu unterdrücken und, liebevoll abgelenkt, ruhig auf die Zeit der Fütterung zu warten. Ich kannte Erwachsene mit solchen in Briefen belegten Säuglingserfahrungen, die nie mit Sicherheit wußten, ob sie wirklich Hunger hatten oder es sich »nur einbildeten«, und an der Angst litten, vor Hunger ohnmächtig zu werden.

dung der Mutter (vgl. A. Miller, 1971). So lernte das Kind unter Umständen schon sehr früh, *wie* es *nicht fühlen* durfte, wollte es die Liebe der Mutter nicht aufs Spiel setzen.

Eine Patientin, im vierten Jahr der Analyse, kommt in eine Stunde einige Wochen nach der Geburt ihres dritten Kindes und erzählt, wie frei und lebendig sie sich mit dem Säugling fühle, im Unterschied zu den beiden früheren Malen, wo sie sich ständig überfordert, gefangen, und vom Kind ausgenutzt, »ausgebeutet« vorkam, gegen seine berechtigten Ansprüche revoltierte und sich dabei als ganz böse erlebte – wie in der Depression von sich selbst getrennt. Vielleicht, meinte sie, war es die Revolte gegen die Ansprüche ihrer Mutter. Denn jetzt sei nichts Derartiges da. Die Liebe, um die sie sich dort bemüht hatte, sei ihr jetzt zugeflogen, ganz von selbst. Sie genieße ihre Einheit mit dem Kind und mit sich selbst. Dann kommt sie mit folgenden Worten auf ihre Mutter zu sprechen:

»Ich war die Perle in der Krone meiner Mutter. Sie sagte immer: auf Maja kann man sich verlassen, die macht es schon. Und ich machte es tatsächlich, ich habe ihr die kleinen Kinder großgezogen, damit sie ihre berufliche Karriere machen konnte. Und sie wurde immer berühmter, aber glücklich sah ich sie nie. Wie oft sehnte ich mich nach ihr an den vielen Abenden, die Kleinen

weinten, ich habe sie getröstet, aber ich weinte nie. Wer hätte schon ein verweintes Kind gebraucht? Die Liebe meiner Mutter konnte ich nur bekommen, wenn ich tüchtig, verständnisvoll, beherrscht war, ihr Handeln nie in Frage stellte, nie zeigte, wie ich sie vermißte, das alles hätte ihre Freiheit beschränkt, die sie so brauchte. Das hätte sich gegen mich gekehrt. Niemandem wäre es damals in den Sinn gekommen, daß diese tüchtige, ruhige, bequeme Maja so einsam war und so gelitten hat. Was blieb mir übrig, als stolz auf meine Mutter zu sein und ihr zu helfen?
Um so größer müssen die Perlen in der Krone der Mutter sein, je tiefer das Loch in ihrem Herzen. Meine arme Mutter brauchte die Perlen, weil ihre ganze Aktivität im Grunde dazu diente, etwas in sich zu unterdrücken, eine Sehnsucht vielleicht, ich weiß es nicht. . . . Vielleicht hätte *sie* es entdeckt, wenn sie das Glück gehabt hätte, mehr als nur im biologischen Sinn Mutter zu werden. Es ist nicht ihre Schuld. Sie hat sich ja so Mühe gegeben und war so pflichtbewußt. Aber die Freude der spontanen Liebe ist ihr nicht geschenkt worden.
Und wie hat sich das alles mit Peter wiederholt! Wieviel stumpfsinnige Stunden saß mein Kind mit Hausangestellten, damit ich mein Diplom machen konnte, das mich noch mehr von mir selber und von ihm weggeführt hat? Wie oft habe ich ihn

verlassen und nicht gemerkt, was ich ihm angetan habe, weil ich meine eigene Verlassenheit nie habe erleben dürfen? Erst jetzt fange ich an zu ahnen, was die Mutterschaft ohne Krone, ohne Perlen, ohne Heiligenschein sein kann.«[5]

5 In einer deutschen Frauenzeitschrift, die sich bemüht, tabuisierte Wahrheiten offen auszusprechen, findet sich die Zuschrift einer Leserin, welche die tragische Geschichte ihrer Mutterschaft unverschleiert zur Darstellung bringt. Es liegt im Wesen des Problems, daß ihr weder ihre eigene noch die Tragik des Kindes wirklich erlebbar werden konnten, weil ihre eigene, ihr emotional unzugängliche Kindheit der Anfang dieser Geschichte wäre. Der Bericht schließt mit folgenden Sätzen: »Und dann die Stillerei! Der Säugling wurde falsch angelegt und rasch waren meine Brustwarzen zerbissen. Mein Gott, war das unangenehm. Noch zwei Stunden, dann kommt er wieder; noch eine . . . gleich . . . Wenn er dann da war und nuckelte, habe ich oben geheult und geflucht. Das war so schlimm, daß ich nichts mehr essen konnte und 40° Fieber bekam. Da durfte ich abstillen und schlagartig ging's mir besser. Von Muttergefühlen habe ich lange gar nichts gemerkt. Wäre das Kind gestorben, mir wär's schon recht gewesen. Und alles hat erwartet, ich sei jetzt sehr glücklich. Eine Freundin, die ich ganz verzweifelt anrief, meinte, eine Zuneigung käme erst mit der Zeit, wenn man eben immer mit dem Kind beschäftigt wäre und dieses immer um einen wäre. Das stimmt so auch nicht. Eine *Zuneigung* habe ich erst entwickelt, als ich wieder arbeiten gehen konnte und wenn ich nach Hause kam, den Kleinen vorfand, als *Ablenkung und Spielzeug* gewissermaßen. Aber ehrlich gesagt, ein kleiner Hund hätte es genauso ›getan‹. Jetzt, wo er langsam größer wird, und ich merke, *daß ich ihn erziehen kann, daß er an mir hängt, mir so völlig vertraut,* jetzt entwickelt sich eine *zärtliche Beziehung,* und ich bin froh, daß er da ist. (Hervorhebungen von mir, A. M.) Dies alles habe ich Euch geschrieben, einfach weil ich es so gut finde, daß endlich jemand sagt, daß es keine Mutterliebe in dem Sinne – geschweige denn einen Mutterinstinkt – gibt« (vgl. »Emma«, Juli 1977).

Die Sage vom Narzissos schildert die Tragik der narzißtischen Störung. Der sich im Wasser spiegelnde Narzissos ist in sein *schönes Antlitz* verliebt, auf das seine Mutter sicher stolz war. Auch Nymphe Echo beantwortet die Rufe des Jünglings, in dessen Schönheit sie verliebt ist, wie die Mütter unserer Patienten. Echos Rufe täuschen den Narzissos. Auch sein Spiegelbild täuscht ihn, indem es nur den vollkommenen, großartigen Teil von ihm spiegelt, nicht aber die anderen Seiten. Seine Rückenseite z. B. und sein Schatten bleiben ihm verborgen, gehören nicht zum geliebten Spiegelbild, werden ausgeklammert.

Dieses Stadium des Entzückens ist mit der Grandiosität zu vergleichen, wie das nächste – die verzehrende Sehnsucht nach sich selbst – mit der Depression. Narzissos wollte *nichts anderes als der schöne Jüngling* sein, verleugnete sein wahres Selbst, wollte sich mit dem schönen Bild vereinigen. Das führte zur Selbstaufgabe, zum Tod bzw. – in der Darstellung von Ovid – zur Verwandlung in die Blume. Dieser Tod ist eine logische Konsequenz der Fixierung auf das falsche Selbst. Denn es sind nicht nur die »schönen«, »guten«, die gefälligen Gefühle, die uns *lebendig* sein lassen, unser Dasein vertiefen und uns entscheidende Einsichten gewähren, sondern oft gerade die unbequemen, unangepaßten, die wir am liebsten fliehen möchten: Ohnmacht, Scham, Neid, Eifersucht, Verwirrung, Trauer. Im Raum des Analytikers können diese Gefühle erlebt werden und aus ihrer archaischen Form herauswachsen. Insofern ist dieser Raum ein Spiegel der inneren Welt des Analysanden, die viel reicher ist als das »schöne Antlitz«. Der Narzissos ist in sein idealisiertes Bild *verliebt,* aber weder der grandiose noch der depressive »Narzissos« kann sich *wirklich lieben.* Seine Begeisterung für sein falsches Selbst verunmöglicht ihm nicht nur die Objektliebe, sondern auch und vor allem die Liebe zu dem einzigen Menschen, der ihm voll und ganz anvertraut ist – zu ihm selber.

DEPRESSIVE PHASEN WÄHREND DER ANALYSE

Ein Grandioser wird nur dann einen Analytiker aufsuchen, wenn ihm depressive Verstimmungen zu Hilfe kommen. Solange die grandiose Abwehr gelingt, zeigt diese Form von narzißtischer Störung keinen sichtbaren Leidensdruck, außer, daß die Angehörigen (Ehepartner und Kinder) mit Depressionen und psychosomatischen Störungen psychotherapeutische Hilfe aufsuchen müssen. In der analytischen Arbeit begegnen wir der Grandiosität in ihrer Mischform mit der Depression.

Der Depression hingegen begegnen wir fast bei jedem unserer Patienten, sei es in Form eines manifesten Krankheitsbildes, sei es in den einzelnen Phasen von depressiver Verstimmung. Diese Phasen können verschiedene Funktionen haben.

1. Signalfunktion

Jeder Analytiker kennt Stunden, in die der Patient mit *Klagen über Depression* hereinkommt und das Sprechzimmer nachher in Tränen aufgelöst, aber sehr erleichtert und ohne Depression verläßt. Vielleicht hat er gerade eine lange zurückgestaute Wut auf seine Mutter erleben können, oder dem Mißtrauen über die Souveränität des Analytikers Ausdruck gegeben, oder die Traurigkeit über so viele vergangene Jahre des ungelebten Lebens zum ersten Mal empfunden, oder wieder einmal die Wut über bevorstehende Ferien und Trennung. Es spielt keine Rolle, welcher Art die Gefühle waren, wichtig war, daß sie erlebt werden konnten. Die Depression hat ihre Nähe, aber auch ihre Verleugnung angekündigt. Die analytische Stunde hat den *Durchbruch* dieser Gefühle ermöglicht, worauf sofort die depressive Stimmung verschwand. Eine solche Stimmung kann *signalisieren,* daß verleugnete Teile des Selbst (Gefühle, Phantasien, Wünsche, Ängste) sich verstärken, ohne eine Abfuhr in der Grandiosität gefunden zu haben.

2. »Sich Überfahren«

Es gibt Patienten, die immer dann, wenn sie in einer Stunde ganz nah an ihr Innerstes herangekommen sind und sich wohl und verstanden gefühlt haben, eine Party oder etwas anderes, ihnen im Moment völlig Gleichgültiges, organisieren, wo sie sich wieder einsam und überfordert fühlen. Nach einigen Tagen klagen sie über *Selbstentfremdung, Leere;* sie hätten den Zugang zu sich selber verloren. Unbewußt hat der Patient aktiv Zustände herbeigeführt, die in der Wiederholung zeigen konnten, wie es dem Kind früher ergangen ist: Wenn es sich im Spiel gespürt hatte, also im Sinne von Winnicott kreativ war, wurde es aufgerufen zu leisten, etwas »Gescheiteres« zu tun, und seine im Entstehen begriffene Welt wurde *überfahren.* Wahrscheinlich reagierten die Patienten darauf schon als Kinder mit dem Rückzug der Gefühle und einer depressiven Verstimmung.

3. Mit starken Affekten »schwanger gehen«

Patienten, deren Depression abgeklungen ist, haben depressive Phasen, manchmal wochenlang, *bevor starke Affekte* aus der Kindheit *durchbrechen.* Es war, wie wenn die Depression den Affekt zurückgehalten hätte. Wird er erlebt, dann kommen Einsichten und Verbindungen mit primären Objekten, oft begleitet von aufschlußreichen Träumen. Der Patient fühlt sich wieder lebendig, bis eine neue depressive Phase etwas Neues ankündigt. Diese Zustände werden etwa so beschrieben: »Ich spüre mich nicht mehr, wie ist das möglich, daß ich mir wieder abhanden gekommen bin? Ich habe keine Verbindung mit meinem Inneren. Es ist doch alles hoffnungslos. ... Es wird doch nie besser. Alles hatte keinen Sinn. Ich sehne mich nach meiner früheren Lebendigkeit.« Dann kann ein aggressiver Ausbruch folgen, mit Vorwürfen gegen den Analytiker, und erst jenseits dieses Ausbruchs wird ein neuer Zusammenhang klar, und eine neue Lebendigkeit tritt ein.

4. *Auseinandersetzung mit dem Introjekt*

Es gibt auch Momente depressiver Verstimmung während der Analyse, nachdem der Patient angefangen hat, sich den Anforderungen seines *Introjektes*, z. B. nach Leistung, zu widersetzen, aber noch nicht wirklich davon frei ist. Da gerät er wieder einmal in die Sackgasse von *sinnloser Überforderung*, die er sich auferlegt hat, und die aufgetretene depressive Verstimmung macht ihn erst darauf aufmerksam. Das hört sich z. B. so an: »Vorgestern war ich glücklich, die Arbeit ging mir so leicht von der Hand, ich konnte für die Prüfung mehr machen, als ich mir für die ganze Woche vorgenommen habe. Da dachte ich mir, diese gute Stimmung mußt du jetzt ausnützen, mach doch gerade am Abend auch noch ein Kapitel weiter. Ich arbeitete den ganzen Abend, aber schon lustlos, am nächsten Tag ging es überhaupt nicht mehr, ich kam mir wie der letzte Idiot vor, nichts haftete mehr in meinem Kopf. Auch Leute mochte ich keine sehen, es war, wie die früheren Depressionen. Da habe ich ›zurückgeblättert‹ und fand die Stelle, wo es angefangen hat. Ich habe mir die Freude kaputtgemacht, als ich mir immer weiter noch mehr aufladen wollte. Und warum? Da kam es mir in den Sinn, wie meine Mutter sagte: ›Wie schön hast du das gemacht, da könntest du gerade auch das noch.‹ . . . Ich bekam eine Wut, und ließ die Bücher sein. Ich hatte plötzlich das Vertrauen, daß ich schon merken werde, wenn ich wieder Lust zum Arbeiten habe. Und ich habe es natürlich gemerkt. Aber die Depression ist noch früher verschwunden – da, wo ich merkte, daß ich mich wieder einmal überfahren hatte.«

DAS INNERE GEFÄNGNIS UND DIE ANALYTISCHE ARBEIT

Die depressive Verstimmung, die sich natürlich auch im psychosomatischen Leiden ausdrücken bzw. verbergen kann, kennt wahrscheinlich jeder Mensch aus eigener Erfahrung. Wenn man darauf achtet, ist es nicht schwer zu beobachten, daß sie fast regelmäßig auftaucht und die spontane Lebendigkeit hemmt, wenn ein eigener Impuls oder ein unerwünschtes Gefühl unterdrückt worden sind. Wenn z. B. ein Erwachsener beim Verlust eines nahen Menschen keine Trauer erleben darf, sondern mit Hilfe von Zerstreuung den Kummer zu vergessen sucht, oder wenn er, aus Angst, eine Freundschaft zu verlieren, seine Empörung über das Verhalten des idealisierten Freundes vor sich selber unterdrückt, muß er wahrscheinlich mit einer depressiven Verstimmung rechnen, (es sei denn, die grandiose Abwehr stünde ihm ständig zur Verfügung). Wenn er in seiner Analyse auf diesen Zusammenhang zu achten anfängt, kann er von seiner Depression *profitieren;* er kann von ihr Wahrheiten über sich selbst erfahren.

Ein Kind hat diese Möglichkeit noch nicht. Der Mechanismus der Selbstverleugnung ist hier noch nicht zu durchschauen, andererseits ist das Kind von der Intensität seiner Gefühle ohne eine haltende, empathische Umgebung noch viel mehr als der Erwachsene bedroht. Winnicott (1969) vergleicht die Gefühlswelt eines Säuglings mit der eines Psychotikers, und dieser Vergleich hat etwas sehr Überzeugendes. Das Gemeinsame ist neben dem Mangel an Strukturierung wohl die überaus starke Intensität der Gefühle, die nur in der Pubertät nochmals anzutreffen ist.

Doch die Erinnerung an die Schmerzen der Pubertät, das Nicht-Begreifen und Nicht-einordnen-Können der eigenen Impulse bleibt unserem Gedächtnis meistens besser erhalten als die ersten narzißtischen Traumen, die sich oft hinter dem Bild einer idyllischen Kindheit oder hinter einer nahezu vollständigen Kindheitsamnesie verbergen. Dies mag wohl der Grund sein, warum erwachsene Menschen seltener mit Nostalgie an die Zeiten ihrer Pubertät zurückdenken als an ihre Kinderzeit. Die Mischung von Sehnsucht, Erwartung und Angst vor Enttäuschung, die bei vielen Menschen die aus der Kindheit bekannten Feste begleitet, erklärt sich vielleicht, wie Winnicott (1969) meint, aus der Suche nach der Gefühls*intensität* der eigenen Kinderzeit, die nicht mehr zu reproduzieren ist.

Aber gerade, weil die Gefühle des Kindes so stark sind, kann ihre Unterdrückung nicht ohne schwerwiegende Folgen bleiben. Je stärker der Gefangene, um so dicker müssen die Gefängnismauern sein, die das spätere emotionale Wachstum erschweren oder gar verhindern.

Hat ein Patient in der Analyse einige Male die Erfahrung gemacht, daß der Durchbruch frühkindlicher intensiver Gefühle, von der spezifischen Qualität des Nicht-Verstehens geprägt, eine längere depressive Verstimmung ablösen kann, so ändert sich mit der Zeit sein Umgang mit den »unerwünschten« Gefühlen, vor allem mit dem

Schmerz. Er entdeckt, daß er nicht mehr zwangsläufig dem früheren Schema (Enttäuschung – Unterdrückung des Schmerzes – Depression) folgen muß, weil er nun noch eine andere Möglichkeit hat, mit Versagungen umzugehen, nämlich *das Erlebnis* des Schmerzes. Erst auf diesem Wege öffnet sich ihm der emotionale Zugang zu seinen früheren Erlebnissen, d. h. zu den bisher verborgenen Teilen seines Selbst und seines Schicksals. Ein Patient hat diesen Sachverhalt in der Endphase seiner Analyse so ausgedrückt: »Es waren nicht die schönen und angenehmen Gefühle, die mir neue Einsichten vermittelten, sondern die, gegen die ich mich am meisten gewehrt habe: Gefühle, in denen ich mich schäbig, klein, böse, ohnmächtig, beschämt, anspruchsvoll, nachtragend oder verwirrt erlebte. Und vor allem traurig und einsam. Aber gerade nach diesen, so lange gemiedenen Erlebnissen hatte ich die Gewißheit, etwas in meinem Leben *von innen heraus verstanden zu haben,* etwas, das ich in keinem Buch hätte finden können.«
Dieser Patient beschrieb eigentlich den Prozeß der *kreativen Einsicht* in der Psychoanalyse. Deutungen spielen in diesem Prozeß eine wichtige Rolle. Sie können ihn begleiten, stützen (»halten«), ermutigen, oder aber stören, hemmen, hinauszögern, ja sogar verhindern bzw. zum intellektuellen Wissen einschrumpfen lassen. Denn ein

narzißtisch gestörter Patient ist sehr schnell bereit, seine Freude am Entdecken und am eigenen Ausdruck aufzugeben, um sich den Konzepten seines Analytikers anzupassen – aus Angst, sich dessen Zuwendung, Verständnis und Empathie, auf die er sein Leben lang gewartet hat, zu verscherzen. Daß dies gar nicht so sein müßte, kann er, aufgrund seiner ersten Erfahrungen mit der Mutter, nicht glauben. Wenn er aber dieser Angst nachgibt und sich anpaßt, so rutscht die Analyse in den Bereich des falschen Selbst, und das wahre bleibt verborgen und unentwickelt. Es ist deshalb ungemein wichtig, daß der Analytiker den Patienten nicht narzißtisch besetzen muß, d. h. daß er nicht aus seinem eigenen Bedürfnis heraus Zusammenhänge formulieren muß, die der Patient *gerade im Begriff ist, mit Hilfe seiner Gefühle zu entdecken.* Sonst verhält er sich wie ein Freund, der einem Gefangenen gerade in dem Augenblick gutes Essen in dessen Zelle bringen würde, in dem dieser die Möglichkeit hätte, die Zelle zu verlassen und die erste Nacht vielleicht ohne Schutz und hungernd, aber in Freiheit zu verbringen. Da dieser Schritt ins Ungewisse ohnehin viel Mut erfordert, kann es geschehen, daß der Gefangene seine Chance verpaßt und im Gefängnis bleibt, sich mit seiner Mahlzeit und Geborgenheit tröstend.

Das Wissen um die Fragilität eines kreativen Prozeßes postuliert selbstverständlich nicht eine vorwiegend schweigende und kränkende Haltung des Analytikers, sondern lediglich Behutsamkeit bezüglich dieser Fragilität. Wird der Analytiker *das Bedürfnis des Analysanden nach Entdeckung respektieren,* so kann z. B. der Wiederholungszwang, wenn seine indirekten Mitteilungen verstanden werden, der kreativen Selbstfindung große Dienste leisten. Dies geschieht dank immer neuer Inszenierungen, in denen eine alte, nie erinnerte Situation zum ersten Mal bewußt erlebt, in ihrer ganzen Tragik zum ersten Mal wahrgenommen und schließlich betrauert werden kann. Es gehört übrigens zur Dialektik der Trauerarbeit, daß solche Erlebnisse die Selbstfindung einerseits fördern und andererseits zur Voraussetzung haben (vgl. S. 38).

Das Gegenstück der Depression *innerhalb der narzißtischen Störung* ist die Grandiosität. Deshalb kann ein Patient von der Depression zeitweise befreit werden, wenn der Psychotherapeut es versteht, ihn an seiner eigenen Grandiosität teilhaben zu lassen, d. h. wenn er dem Patienten ermöglicht, sich gewissermaßen als Teil des idealisierten Therapeuten auch groß und stark zu fühlen. Die narzißtische Störung bekommt dann ein anderes Vorzeichen für eine gewisse Zeit, aber sie bleibt bestehen. Die *Befreiung von beiden Formen* der narzißtischen Störung in der Analyse wird jedoch ohne tiefgehende Trauerarbeit kaum möglich sein. Die Fähigkeit zu trauern, d. h. auf die Illusion über die eigene »glückliche« Kindheit zu verzichten, gibt dem Depressiven seine Lebendigkeit und Kreativität wieder und kann den Grandiosen – falls er eine Analyse überhaupt aufsucht – von den Anstrengungen und der Abhängigkeit seiner Sisyphos-Arbeit befreien. Kann ein Mensch, in einem langen Prozeß, erleben, daß er nie als das Kind, das er war, sondern für seine Leistungen, Erfolge und Qualitäten »geliebt« worden ist, daß er seine Kindheit für diese »Liebe« geopfert hat, so wird ihn das zu großen inneren Erschütterungen führen, aber er wird eines Tages den Wunsch verspüren, mit dieser Werbung aufzuhören. Er wird in sich das Bedürfnis entdecken, sein wahres Selbst zu leben und sich nicht länger Liebe verdienen zu müssen, eine Liebe, die ihn im Grunde doch mit leeren Händen zurückläßt, weil sie dem falschen Selbst gilt, das er aufzugeben begonnen hat.

Die Befreiung von der Depression führt nicht zu einer dauernden Fröhlichkeit oder zum Mangel an Leiden, sondern zur Lebendigkeit, d. h. zur Freiheit, spontan auftretende Gefühle leben zu können. Es gehört zur Vielfalt des Lebendigen, daß diese Gefühle nicht immer heiter, »schön« und »gut« sein können, sondern die ganze Skala des Menschlichen offenbaren, d. h. auch Neid, Eifersucht, Wut, Empörung, Habgier, Verzweiflung und Trauer. Aber diese Freiheit ist nicht zu erreichen, wenn ihre Wurzeln in der Kindheit abgeschnitten wurden. Daher ist der Zugang zu seinem wahren Selbst für einen narzißtisch gestörten Menschen erst möglich, wenn die intensive, »psychotische« Gefühlswelt seiner frühen Kindheit nicht mehr gefürchtet werden muß. Nachdem sie im analytischen Prozeß erlebt worden ist, ist sie ihm nicht mehr fremd und bedrohlich und muß nicht mehr hinter den Gefängnismauern der Illusion verborgen bleiben.

Viele Ratschläge für den »Umgang« mit depressiven Patienten (z. B. die Aggression von innen nach außen wenden) tragen deutlich manipulativen Charakter. S. Levin meint z. B., man solle dem Patienten zeigen, daß »seine Hoffnungslosigkeit nicht rational ist«, oder man solle ihm seine »Überempfindlichkeit« bewußt machen (vgl. R. Fischer, 1976). Ein solches Vorgehen würde meines Erachtens das falsche Selbst und die emotionale Anpassung, d. h. im Grunde auch die Depression unterstützen. Wollen wir das aber nicht, so müssen wir *alle* Gefühle des Patienten ernstnehmen. Gerade seine Überempfindlichkeit, seine Scham, seine Selbstvorwürfe (wie häufig weiß ein depressiver Patient, daß er überempfindlich reagiert, und wie klagt er sich deswegen an!), ergeben ja den *roten Faden der Analyse, auch wenn wir noch nicht verstehen,* auf was sie sich wirklich beziehen.

Und je unrealistischer diese Gefühle sind, je weniger sie zur jetzigen Realität »passen«, um so deutlicher zeigen sie an, daß sie auf *unbekannte Situationen reagieren, die es noch zu entdecken gilt*. Wird aber das betreffende Gefühl nicht erlebt, sondern »ausgeredet«, dann bleibt auch die Entdeckung aus, und die Depression kann nun ihre Triumphe feiern.

Einer 40jährigen Patientin wurde es nach einer langen depressiven Phase, begleitet von Suizidgedanken, endlich möglich, ihre heftige, sehr frühe Ambivalenz in der Übertragung zu erleben. Darauf folgte zunächst keine sichtbare Erleichterung, sondern eine Zeit voller Trauer und Tränen. Am Ende dieser Periode sagte sie: »Die Welt hat sich nicht geändert, es gibt so viel Böses und Gemeines um mich herum, und ich sehe es noch schärfer als früher. Und trotzdem – zum ersten Mal finde ich das Leben wirklich lebenswert. Vielleicht, weil ich den Eindruck habe, daß ich zum ersten Mal *mein eigenes Leben lebe*. Und das ist ein spannendes Abenteuer. Aber ich verstehe jetzt besser meine Suizidgedanken, besonders die in der Jugend – es kam mir sinnlos vor, weiterzumachen – eigentlich weil ich irgendwie ein fremdes Leben gelebt hatte, das ich gar nicht wollte und das hinzuwerfen ich so leicht bereit war.«

Man könnte sich die Frage stellen: Muß denn die Anpassung notwendigerweise zur Depression führen? Könnte es nicht sein und gibt es keine Beispiele dafür, daß emotional angepaßte Menschen ganz zufrieden leben? Solche Beispiele gibt es, und vor allem gab es sie mehr in der Vergangenheit, denn die Depression ist die Krankheit unserer Zeit. In Kulturen, die noch in einem von anderen abgeschirmten Wertsystem weiterlebten, wie z. B. das orthodoxe Judentum im alten Ghetto, oder Negerfamilien in den Südstaaten vor hundert Jahren, war ein angepaßter Mensch zwar nicht autonom, hatte auch nicht ein (in unserem Sinn) eigenes, individuelles Identitätsgegühl, das ihm Halt verliehen hätte, aber er hatte den Halt in der Gruppe. Das Gefühl »frommer Jude« oder ein »treuer Sklave« zu sein, gab ihm ein Stück Sicherheit in dieser Welt. Natürlich gab es auch da Ausnahmen, denen das nicht genügte und die stark genug waren, um auszubrechen. Heute aber ist eine derartige Abkapselung einer Gruppe von anderen, mit anderen Wertmaßstäben, kaum mehr möglich. Das erfordert einen Halt des Einzelnen in sich selber, wenn er nicht zum Spielball verschiedener Interessen und Ideologien werden will. Dieser Halt im eigenen Selbst, d. h. im *Zugang zu den eigenen wirklichen Bedürfnissen und Gefühlen* und die *Möglichkeit, sie zu artikulieren,* wird für ihn also einerseits *lebensnotwendig,* andererseits durch das Leben in mehrfachen verschiedenen Wertsystemen enorm erschwert. Damit erklärt sich wahrscheinlich der rapide Zuwachs von Depressionen in unserer Zeit und die Faszination der Gruppen.

Im teilweise angepaßten Kind schlummern Kräfte, die dieser Anpassung Widerstand leisten. Bei großen Kindern, vor allem in der Pubertät, verbinden sich diese Kräfte mit neuen Werten, die denjenigen der Eltern oft entgegengesetzt sind, sie bilden also neue Ideale und suchen sie zu verwirklichen. Da aber dieses Suchen nicht im Empfinden der eigenen echten Bedürfnisse und Gefühle verwurzelt ist, wird dieser Jugendliche sich neuen Idealen in *einer ähnlichen Weise anpassen,* wie früher den Eltern. Er wird wieder sein wahres Selbst aufgeben und verleugnen, um vom Erben des Primärobjektes (sei es im Ichideal oder in der Gruppe) anerkannt und geliebt zu werden. Doch all das nützt nicht wirklich gegen die Depression. Denn dieser Mensch ist nicht er selbst, weder kennt noch liebt er sich; er tut alles, um von einem narzißtisch besetzten Objekt so geliebt zu werden, wie er es einst als Kind dringend gebraucht hätte. Was damals aber zur rechten Zeit nicht möglich war, ist nie mehr nachzuholen.

Die zwei folgenden Beispiele können eine solche Entwicklung veranschaulichen.

1. Eine junge Frau möchte sich von ihrer patriarchalischen Familie lösen, in der die Mutter dem Vater hörig war. Sie heiratet einen unterwürfigen Mann, scheint alles anders als ihre Mutter gemacht zu haben. Der Mann läßt es sich gefallen, daß sie mit ihren Freunden in der Wohnung schläft. Sie selber verbietet sich Gefühle von Eifersucht und Zärtlichkeit und möchte mit vielen Männern verkehren können, ohne sich gefühlsmäßig zu binden, um sich wie ein Mann autonom zu fühlen. Ihr Bedürfnis nach »Fortschrittlichkeit« geht aber so weit, daß sie sich von ihren Freunden, wenn diese Lust danach haben, mißhandeln und erniedrigen läßt, alle ihre Gefühle von *Kränkung* und *Wut* dabei *unterdrückend,* in der Meinung, daß sie auf diese Weise frei von Vorurteilen und modern sei. So hat sie ihren Kindergehorsam, aber auch die Hörigkeit ihrer Mutter in diese Beziehungen hineingerettet. Gelegentlich leidet sie an schweren Depressionen.

2. Ein Patient aus einer afrikanischen Familie ist allein bei der Mutter aufgewachsen; der Vater starb, als der Patient noch sehr klein war. Die Mutter besteht auf dem Einhalten bestimmter Formen und läßt das Kind in keiner Weise seine kindlichen narzißtischen und libidinösen Bedürfnisse spüren, geschweige denn ausdrücken. Anderseits massiert sie seinen Penis regelmäßig bis zur Pubertät, angeblich auf Rat der Ärzte hin. Als

Erwachsener trennt sich der Sohn von seiner Mutter und ihrer Welt und heiratet eine attraktive Europäerin aus völlig anderen Kreisen als sein Elternhaus. Ist es einem Zufall oder seinem untäuschbaren Instinkt zuzuschreiben, daß diese Frau ihn im höchsten Maße quält, erniedrigt, verunsichert und daß er ihr in keiner Weise standhalten noch sie verlassen kann? Diese sadomasochistische Ehe ist, wie das andere Beispiel, ein Versuch, aus dem sozialen System der Eltern mit Hilfe eines anderen Systems auszubrechen. Der Patient konnte sich zwar von der Mutter seiner Adoleszenz befreien, blieb aber emotional an die ödipale und prä-ödipale Mutter gebunden, die die Ehefrau ihm ersetzen mußte, solange er die damaligen Gefühle nicht erleben konnte. In der Analyse begegnete er der ursprünglichen Ambivalenz. Es war für ihn entsetzlich schmerzhaft zu realisieren, in welchem Maße er als Kind die Mutter bewundert und sich zugleich in seiner Hilflosigkeit von ihr mißbraucht gefühlt hatte, wie er sie geliebt und gehaßt hatte und ihr ausgeliefert gewesen war. Diese Gefühle erlebte der Patient nach vier Jahren Analyse, was zur Folge hatte, daß er die Perversionen seiner Ehefrau nicht mehr nötig hatte und sich von ihr trennen konnte, zugleich aber imstande war, sie viel realistischer, auch in ihren positiven Seiten, zu sehen.

BERÜHRUNGSPUNKTE MIT EINIGEN THEORIEN ÜBER DEPRESSION

Begreift man die Depression als Aufgabe des wahren Selbst im Dienste der Objekterhaltung, so lassen sich in dieser Sicht die Hauptelemente der wichtigsten Theorien über Depression wiederfinden:

1. Das Freudsche Moment der *Ichverarmung* ist selbstverständlich und zentral in diesem Konzept enthalten, wenn man bedenkt, daß Freud zur Zeit der Niederschrift von »Trauer und Melancholie« (1917) den Begriff »Ich« auch für das verwendete, was wir jetzt konsequenterweise als »Selbst« bezeichnen.

2. Die von K. Abraham beschriebene Wendung der *Aggression gegen sich selbst* ist ebenso zentral mit der Vorstellung des Selbstverlustes, wie ich ihn zu beschreiben versuchte, verwandt. Das »Umbringen« der für das primäre Objekt unerwünschten Gefühlsregungen, Bedürfnisse und Phantasien ist ein aggressiver Akt gegen das Selbst. Je nach der spezifischen Kindersituation variieren die Gefühle, die vom Depressiven »getötet« wurden, es sind nicht nur die aggressiven Regungen.

3. W. Joffe und J. Sandler definieren die Depression als eine mögliche *Reaktion auf Schmerz* (Pain = Unlust), den die Diskrepanz zwischen der Real- und der Idealselbstrepräsentanz hervorruft.

Die Einheit dieser Repräsentanzen führt zum Wohlbefinden. In der Sprache der Objektbeziehung würde das wohl heißen: Die Idealselbstrepräsentanz ist die Erbin des primären Objektes, dessen Zustimmung und Liebe das Wohlbefinden garantieren, so wie die Diskrepanz die Gefahr des Liebesverlustes mit sich bringt. Könnte dieser Schmerz riskiert und erlebt werden, gäbe es keine Depression. Aber dazu wäre eine »haltende« Umgebung notwendig gewesen.

4. Nach E. Jacobson schließlich entstehen die Bedingungen für eine depressive Entwicklung, wenn der *Verlust des Idealobjektes verleugnet* wird. Mit Verlust sind hier nicht nur reale Trennungen vom Selbstobjekt und traumatisierende, weil nicht phasenspezifische Enttäuschungen gemeint, sondern auch die Nichtverfügbarkeit des Selbstobjektes.

Dem narzißtisch gestörten Menschen *fehlte ein verfügbares Selbstobjekt* in der symbiotischen Phase *und ein »verwendbares« Objekt im Sinne Winnicotts* (vgl. 1973), das seine »Destruktion« überlebt hätte. *Sowohl der Grandiose wie der Depressive verleugnen diese Realität vollständig,* indem sie so leben, als ob die Verfügbarkeit des Selbstobjektes noch zu retten wäre: der Grandiose in der Illusion des Gelingens, der Depressive jederzeit in der Angst, das Selbstobjekt zu verlieren. Aber beide können die Wahrheit nicht zulassen, daß dieser Verlust bzw. das Nichtvorhandensein in der Vergangenheit *bereits geschehen ist* und daß keine Anstrengung der Welt diese Tatsache je wird ändern können.

Über die Verachtung

. . . würde nicht Gott einen Ausweg
finden, eine Überlegenheit, einen
Schwindel . . . so wie es den
Erwachsenen und Mächtigen ja immer
gelang, am Ende noch mit einem
Triumph zu kommen, einen
schließlich doch noch zu beschämen,
einen nicht für voll zu nehmen,
einen unter der verfluchten Maske
des Wohlwollens zu demütigen?
Hermann Hesse: Die Kinderseele

DIE DEMÜTIGUNG DES KINDES, DIE VERACHTUNG DER SCHWÄCHE UND WIE GEHT ES DAMIT WEITER

BEISPIELE AUS DEM ALLTAG

Während eines Ferienaufenthaltes kreisten meine Gedanken um das Thema »Verachtung«, und ich las verschiedene Notizen, die ich mir früher zu diesem Thema anläßlich einzelner Analysenstunden gemacht habe. Dieser meiner Sensibilisierung ist es wahrscheinlich zuzuschreiben, daß ich eine banale Szene ohne spektakuläre Ereignisse, wie sie sich vermutlich häufig abspielt, viel stärker als sonst erlebte. Ich werde mit der Beschreibung dieser Szene meine Überlegungen einleiten, weil ich an ihr ohne Gefahr der Indiskretion Einsichten illustrieren kann, die ich in der analytischen Arbeit gewonnen habe.

Auf einem Spaziergang ging vor mir ein junges Ehepaar, beide groß gewachsen, neben ihnen lief ein kleiner, ca. zweijähriger Junge und quengelte. (Wir sind gewohnt, solche Situationen vom Erwachsenen aus zu sehen, und ich möchte hier absichtlich versuchen, sie vom kindlichen Erlebnis her zu schildern.) Die beiden hatten sich soeben am Kiosk ein Eis am Stiel gekauft und schleckten genüßlich daran. Der Kleine wollte auch einen solchen Stiel haben. Die Mutter sagte liebevoll: »Komm, du darfst von meinem einmal abbeißen, das Ganze ist zu kalt für dich.« Das Kind wollte nicht abbeißen, es streckte die Hand nach dem Stiel aus, den die Mutter ihm entzog. Es weinte verzweifelt, und nun wiederholte sich ganz die gleiche Situation mit dem Vater: »Da, Mäuschen«, sagte der Vater liebevoll, »du darfst bei mir abbeißen.« »Nein, nein«, rief das Kind, fing wieder an zu laufen, wollte sich ablenken, kam aber immer wieder zurück und schaute neidisch und traurig hoch hinauf, wo die beiden Großen zufrieden und solidarisch ihr Eis genossen. Immer wieder bot ihm eines der Eltern einen Biß an, immer wieder streckte das Kind sein Händchen nach dem Stiel aus, und dann zog sich die erwachsene Hand mit dem Reichtum zurück. Und je mehr das Kind weinte, um so mehr amüsierten sich die Eltern. Sie mußten sehr lachen und hofften, mit diesem Lachen auch das Kind erheitern zu können: »Guck mal, es ist doch gar nicht so wichtig, was machst du da für ein Theater.« Einmal setzte sich das Kind auf den Boden, mit dem Rücken zu den Eltern und fing an, kleine Kieselsteine hinter sich in Richtung auf die Mutter zu werfen, aber stand dann plötzlich auf und schaute beunruhigt, ob die Eltern noch da waren. Als der Vater an seinem Stiel alles gründlich abgeschleckt hatte, gab er ihn dem Kind und ging weiter. Der Junge versuchte erwartungsvoll, an dem Stück Holz zu schlecken, schaute es an, warf

es weg, wollte es wieder aufheben, tat es nicht, und ein tiefes, einsames Aufschluchzen voll Enttäuschung erschütterte sein Körperchen. Dann trottete er brav hinter seinen Eltern her.
Es schien mir klar zu sein, daß der kleine Junge nicht in seinem »oralen Triebwunsch« frustriert wurde, denn er hätte ja mehrmals abbeißen können, aber er wurde dauernd gekränkt und frustriert in seinen *narzißtischen Bedürfnissen.* Es wurde *nicht verstanden,* daß er den Stiel wie die anderen *in der Hand* haben wollte, ja noch mehr – es wurde darüber gelacht, man hat sich *über sein Bedürfnis lustig gemacht.* Er stand zwei Riesen gegenüber, die sich, stolz auf ihre Konsequenz, gegenseitig noch unterstützten, während er mit seinem Schmerz ganz allein war, außer »Nein« offenbar noch nichts sagen konnte und sich mit seinen Gesten (die sehr ausdrucksstark waren) bei diesen Eltern nicht verständlich machen konnte. Er hatte keinen Anwalt.[1]
Man kann sich fragen, warum sich diese Eltern so unempathisch verhalten haben. Warum kam keiner von ihnen auf die Idee, entweder schneller zu essen oder sogar die Hälfte des Eises wegzuwer-

1 Wie *ungerecht* ist übrigens diese Situation, daß ein Kind zwei stärkeren Erwachsenen gegenübersteht, wie vor einer Mauer; wir nennen es »Konsequenz in der Erziehung«, wenn wir es dem Kind verweigern, sich bei einem Elternteil über den anderen zu beklagen.

fen, um den noch *eßbaren* Rest dem Kinde mit dem Stiel zu geben? Warum standen beide lachend da, aßen so langsam und zeigten sich so unberührt von der Verzweiflung ihres Kindes, die so offenkundig war? Es waren keine bösen oder kalten Eltern, der Vater sprach sehr zärtlich mit dem Kind. Und trotzdem zeigten sie einen Mangel an Empathie, mindestens in diesem Moment. Man kann sich dieses Rätsel nur erklären, wenn man die Sensibilität dafür aufbringen will, auch sie als unsichere Kinder zu sehen, die nun endlich ein schwächeres Wesen haben, bei dem sie sich stärker fühlen können. Welches Kind hat es nicht erfahren, daß man sich z. B. über seine Angst lustig gemacht hat, indem man ihm sagte: »vor sowas brauchst du dich doch nicht zu fürchten«. Das Kind fühlt sich dann beschämt und verachtet, weil es die Gefahr nicht hatte abschätzen können, und wird diese Gefühle bei der nächsten Gelegenheit einem noch kleineren Kind weitergeben. Solche Erlebnisse gibt es in allen Schattierungen und Nuancen. Ihnen allen ist gemeinsam, daß die Angst des schwachen und hilflosen Kindes dem Erwachsenen das Gefühl von Stärke gibt, auch die Möglichkeit, die Angst (im Anderen) zu manipulieren, was er mit der eigenen Angst ja nicht tun kann. (Vgl. S. 47.)

Es ist auch nicht daran zu zweifeln, daß unser kleiner Junge in zwanzig Jahren, oder früher schon mit Geschwistern, seine Geschichte mit dem Eis nochmals spielen wird, aber sicher wird *er* dann der Besitzer sein und der andere das hilflose, neidische, ohnmächtige, kleine Geschöpf, das man nun endlich nicht mehr in sich tragen muß, sondern abspalten und draußen plazieren kann.

Die Verachtung für diesen Kleineren, Schwächeren ist so der beste Schutz gegen den Durchbruch der eigenen Gefühle der Ohnmacht, sie ist Ausdruck der abgespaltenen Schwäche. Der Starke, der um seine Ohnmacht weiß, weil er sie erlebt hat, braucht nicht mit Verachtung Stärke zu demonstrieren.

Auch die ödipalen Gefühle der Ohnmacht, Eifersucht und Verlassenheit werden vom Erwachsenen manchmal erst in seinem Kind erfahren, weil er in seiner eigenen Kindheit keine Chance hatte, sie bewußt zu erleben. Ich habe auf S. 39 f. den Patienten geschildert, der zwanghaft Frauen erobern, verführen und verlassen mußte, bis er in der Analyse das eigene wiederholte Verlassenwerden durch seine Mutter erleben konnte. In dieser Zeit erinnerte er sich, wie er vor dem verschlossenen Schlafzimmer seiner Eltern nachts ertappt und ausgelacht wurde, und erlebte zum ersten Mal die Gefühle der Demütigung und Erniedrigung von damals in der analytischen Stunde.

Die nicht gelebten ödipalen Schmerzen kann man

»loswerden«, wenn man sie an das eigene Kind delegiert. In der Art etwa wie in der oben geschilderten Szene mit dem Eis: »Siehst du, wir sind groß, wir *dürfen*, für dich ist es ›zu kalt‹, erst wenn du groß genug bist, darfst du so ungestört genießen wie wir.« Es ist – im ödipalen Bereich – *nicht die Triebversagung*, die *das Kind demütigt*, sondern die *Verachtung seiner Triebwünsche*. Es könnte sein, daß die narzißtische Komponente am ödipalen Leiden im allgemeinen dadurch verstärkt wird, daß die Eltern durch ihr demonstratives »Großsein« am Kind für ihre eigenen Kränkungen unbewußt Rache nehmen. In seinen neugierigen Augen begegnen sie der eigenen demütigenden Vergangenheit und müssen sie mit der nun erlangten Macht abwehren.

In vielen Gesellschaften werden die kleinen Mädchen zusätzlich noch als Mädchen diskriminiert. Da die Frauen aber die Macht über das Neugeborene und den Säugling haben, geben die ehemaligen Mädchen diese erlittene Verachtung ihrem Kind in seinem zartesten Alter weiter. Der erwachsene Mann idealisiert dann seine eigene Mutter, weil jeder Mensch an der Vorstellung hängt, wirklich geliebt worden zu sein, und verachtet die anderen Frauen, an denen er an Stelle der Mutter Rache nehmen kann. Und diese wiederum, die erwachsenen, gedemütigten Frauen, haben meist keine andere Gelegenheit, ihre Last abzuladen, als auf das eigene Kind. Da darf alles im Verborgenen und straflos geschehen; das Kind kann es ja nirgends erzählen, außer vielleicht später in einer Perversion oder Zwangsneurose, deren Sprache aber verschlüsselt genug ist, um die Mutter nicht zu verraten.

Die Verachtung ist die Waffe des Schwachen und der Schutz gegen bestimmte eigene unerwünschte Gefühle. Und am Ursprung jeder Verachtung, jeder Diskriminierung ist die mehr oder weniger bewußte, unkontrollierte, verborgene und *von der Gesellschaft* (außer bei Totschlag oder bei schweren körperlichen Mißhandlungen) *tolerierte Machtausübung des Erwachsenen über das Kind.* Was der Erwachsene mit der Seele seines Kindes macht, bleibt ganz ihm überlassen, sie ist sein Eigentum, wie die Bürger eines totalitären Staates das Eigentum der Regierung sind. Solange wir uns nicht für die Leiden des kleinen Kindes sensibilisieren, bleibt diese Machtausübung eine normale condition humaine, von niemandem beachtet, von niemandem ernstgenommen und durchwegs bagatellisiert, denn es sind ja *»nur Kinder«*. Aber aus diesen Kindern werden in zwanzig Jahren Erwachsene, die ihren eigenen Kindern alles das zurückzahlen *müssen*. Sie werden den größten Einsatz leisten, um Grausamkeit »in der Welt« zu bekämpfen und in sich ein Wissen von der Grausamkeit tragen, zu dem sie keinen Zugang mehr haben, das hinter Idealisierungen einer schönen Kindheit verborgen bleiben muß.

Es ist zu hoffen, daß die Hartnäckigkeit dieser »Vererbung« der Diskriminierung von einer Generation auf die nächste durch *emotionale Bewußtmachung* vielleicht etwas vermindert werden kann – vor allem in ihren »feineren«, subtileren Arten.

Ein Mensch, der ohrfeigt oder schlägt oder bewußt beleidigt, *weiß*, daß er dem anderen wehtut. Er ist nicht ahnungslos. Aber wie oft waren unsere Eltern und wir selber unseren Kindern gegenüber ahnungslos darüber, wie schmerzlich, wie tief und wie nachhaltig wir ihr keimendes Selbst verletzt haben.

Es ist ein großes Glück, wenn unsere Kinder es merken und es uns sagen können, denn dann wird es ihnen möglich sein, die seit Generationen überlieferten Ketten der Macht, Diskriminierung und Verachtung abzulegen. Sie werden es nicht mehr nötig haben, Ohnmacht mit Macht abzuwehren, wenn ihnen die frühe Ohnmacht und narzißtische Wut zum bewußten Erlebnis geworden sind. In den meisten Fällen aber bleibt dem Menschen sein *eigenes Kinderleiden* affektiv verborgen und bildet gerade deshalb die *verborgene Quelle neuer, manchmal sehr subtiler Demütigungen in der nächsten Generation.* Verschiedene Abwehrmechanismen stehen uns da zur Verfügung, wie Verleugnung (z. B. des eigenen Leidens), Rationalisierung (»ich schulde meinem Kind eine Erziehung«), Verschiebung (»nicht der Vater, sondern mein Sohn tut mir weh«), Idealisierung (»Vaters Schläge haben mir gut getan«) usw., aber vor allem der Mechanismus der Umkehr des passiven Leidens in aktives Verhalten. Die folgenden Beispiele illustrieren, wie auffallend ähnlich Menschen ihr Kinderschicksal abwehren, obwohl sie in ihrer Persönlichkeitsstruktur und im Bildungsgrad beträchtliche Unterschiede aufweisen.

Ein griechischer Bauernsohn, etwa dreißig Jahre alt, Besitzer eines kleinen Restaurants in Westeuropa, erzählt mit Stolz, daß er keinen Alkohol trinke und diese Enthaltsamkeit seinem Vater verdanke. Als er einmal im Alter von fünfzehn Jahren betrunken nach Hause kam, sei er vom Vater so geschlagen worden, daß er sich eine Woche nicht hätte bewegen können. Seitdem sei ihm der Alkohol so zuwider, daß er nie mehr einen Tropfen in den Mund nehmen könne, obwohl er in seinem Beruf dauernd damit umgehe. Als ich hörte, daß er bald heiraten wolle, fragte ich ihn, ob er seine Kinder auch schlagen werde. »Natürlich«, gab er zur Antwort, »nur mit Schlägen kann man ein Kind richtig erziehen; es ist die beste Methode, um sich Respekt zu verschaffen. In der Gegenwart meines alten Vaters würde ich z. B. niemals rauchen, obwohl er selber raucht –

das ist ein Zeichen meines Respektes für ihn.«
Dieser Mann wirkte weder dumm noch unsympathisch, aber er hatte keine große Schulbildung. Man konnte sich also der Illusion hingeben, daß eine Aufklärung dem Prozeß der seelischen Zerstörung einmal entgegenwirken würde.
Doch wie steht es mit dieser Illusion im nächsten Beispiel, das von einem gebildeten Menschen handelt?
Ein talentierter tschechischer Schriftsteller liest in einer Stadt der Bundesrepublik aus seinen Werken. Anschließend entwickelt sich eine Plauderei mit dem Publikum, während der ihm Fragen über sein Leben gestellt werden, die er unbefangen beantwortet. Obwohl er sich seinerzeit für den Prager Frühling engagiert habe, genieße er jetzt einen großen Freiheitsraum und könne auch häufig in den Westen reisen, berichtet er. Er schildert in der Folge die Entwicklung seines Landes in den letzten Jahren. Auf seine Kindheit angesprochen, erzählt er mit vor Begeisterung glänzenden Augen von seinem sehr begabten und vielseitigen Vater, der ihn geistig gefördert habe und ihm ein wahrer Freund gewesen sei. Nur dem Vater habe er seine ersten Erzählungen zeigen können. Der Vater war sehr stolz auf ihn, und auch, wenn er ihn schlug, was er oft als Strafe für die von der Mutter genannten Vergehen tat, war er stolz, wenn sein Sohn nicht weinte. Da es für Tränen

zusätzliche Schläge gab, lernte das Kind, Tränen zu schlucken, und war selbst stolz darauf, dem bewunderten Vater mit seiner Tapferkeit ein so großes Geschenk machen zu können. Dieser Mann sprach über dieses regelmäßige Geschlagenwerden, als ob es sich hier um das Normalste der Welt handelte (was es für ihn natürlich auch war) und sagte dann: »Es hat mir nicht geschadet, es hat mich für das Leben vorbereitet, mich hart gemacht, mich gelehrt, auf die Zähne zu beißen. Und deshalb konnte ich mich beruflich so gut entwickeln.«

Im Unterschied zu dem zitierten tschechischen Schriftsteller erzählt der Filmregisseur Ingmar Bergmann in einer Fernseh-Sendung ganz bewußt und mit viel mehr Verständnis für die Zusammenhänge über seine Kindheit, die, wie er sich ausdrückte, eine Geschichte von Demütigungen war; Demütigung war das Hauptmittel seiner Erziehung. So mußte er z. B., wenn seine Hosen naß waren, den ganzen Tag ein rotes Kleid tragen, damit alle es sehen konnten und er sich schämen mußte. Er war der jüngere von zwei Söhnen eines protestantischen Pastors. Im Fernseh-Interview schilderte er eine Szene, die sich in seiner Kindheit öfters abgespielt hatte: Sein älterer Bruder wird vom Vater auf den Rücken geschlagen. Seine Mutter tupft den blutenden Rücken des Bruders mit Watte ab. Er selber sitzt und schaut zu. Diese

Szene erzählt Bergmann ohne sichtbare Erregung, fast kühl. Man sieht ihn als Kind ruhig sitzen und zuschauen. Er ist sicher nicht davongelaufen, hat die Augen nicht zugemacht, hat nicht geschrien. Man bekommt den Eindruck, daß sich diese Szene zwar auch real abgespielt hat, aber zugleich eine Deckerinnerung ist für das, was *ihm selbst* widerfahren ist. Denn es ist nicht anzunehmen, daß dieser Vater nur den Bruder geschlagen hat.

Gelegentlich sind Patienten in der Analyse überzeugt, daß Demütigungen nur ihren Geschwistern zuteil wurden. Erst nach Jahren Analyse können sie mit Gefühlen von Wut und Ohnmacht, aber auch Zorn und Empörung erinnern und erleben, wie gedemütigt und verlassen sie sich selber gefühlt hatten, als sie vom geliebten Vater geschlagen wurden.

Aber Bergmann hatte noch eine andere Möglichkeit des Umgangs mit seinem Leiden als die Verschiebung und Verleugnung – er hat Filme gemacht. Man könnte sich vorstellen, daß wir als Zuschauer im Kino die Gefühle zu spüren bekommen, die er als Kind eines solchen Vaters damals nicht hat offen leben können und die er doch in sich aufbewahrt hat. Wir sitzen vor der Leinwand, wie der kleine Junge damals, werden mit der Grausamkeit konfrontiert, die »unserem Bruder« widerfährt und fühlen uns kaum imstande oder gewillt, die ganze Brutalität mit authentischen Gefühlen in uns aufzunehmen. Wir wehren sie ab. Wenn Bergmann dann mit Bedauern berichtet, daß er bis 1945 den Nationalsozialismus nicht durchschauen konnte, obwohl er in der Hitlerzeit oft nach Deutschland gereist war, dann scheint uns das eine Konsequenz dieser Kindheit zu sein. Grausamkeit war ja die vertraute Luft, die er von Kind auf einzuatmen hatte. Wie hätte sie ihm auffallen können?

Warum habe ich drei Beispiele von Männern gebracht, die geschlagen wurden? Sind es nicht Grenzsituationen? Will ich mich mit den Folgen des Schlagens befassen? Nein, keineswegs. Wir können ruhig annehmen, daß dies krasse Ausnahmen waren, daß sie meinetwegen nur im Ausland vorkommen, denn alle drei Männer waren keine Deutschen. Aber ich habe diese Beispiele gewählt, zum Teil, weil sie mir nicht als Geheimnisse anvertraut, sondern der Öffentlichkeit bereits preisgegeben worden sind, vor allem aber, um zu zeigen, daß auch die schwersten Mißhandlungen dank der stark idealisierenden Tendenz des Kindes verdeckt bleiben. Es gibt kein Gericht, keinen Staatsanwalt, kein Urteil, alles bleibt im Dunkel der Vergangenheit verborgen, und wenn Tatsachen bekannt werden, dann erscheinen sie unter dem Namen von Wohltaten. Ist das aber so in den krassesten Fällen von körperlichen Mißhandlun-

gen, wie soll dann die seelische Quälerei auffindbar sein, die ja ohnehin weniger sichtbar und viel mehr umstritten bleibt? Wer wird schon die subtile Diskriminierung, wie sie im Beispiel des kleinen Jungen mit dem Eis in Erscheinung trat, wirklich ernstnehmen?
Die Metapsychologie hat kein Modell für diese Vorgänge. Sie beschäftigt sich mit Besetzungsvorgängen, mit der intrapsychischen Dynamik, mit Objekt- und Selbstrepräsentanzen, nicht aber mit Fakten, die sie höchstens als Phantasien des Patienten mitberücksichtigt. Ihr Gebiet sind die Bedeutungen der Erlebnisse, nicht ihr realer Hintergrund. Aber wir analysieren doch auch Eltern, wir erfahren viel über ihre Gefühle ihren eigenen Kindern gegenüber, über ihre narzißtische Bedürftigkeit und müssen uns doch fragen, welche Konsequenzen das für die Entwicklung des Kindes hat. Was sollen wir mit diesem Wissen tun? Dürfen wir es verschweigen? Dürfen wir uns blindstellen mit dem Argument, Sache des Analytikers sei es nur, intrapsychische Zusammenhänge zu sehen? Es ist, als ob wir uns nicht getrauen würden, einen Schritt zur Realität des Kindes zu machen, nachdem Freud seine Vermutung von der sexuellen Verführung als Wunschphantasie der Patientin durchschaut hatte. Da der Patient sehr daran interessiert ist, seine Realität vor uns und vor allem vor sich *selbst* verborgen zu halten,

können wir unter Umständen lange mit ihm in seiner Dunkelheit bleiben. Und doch hört er nicht auf, in der Symptomsprache ein Stück seiner Realität zu erzählen.

Gewiß, die reale Verführung des Kindes spielt sich nicht so ab, wie Freuds hysterische Patientinnen es phantasiert haben. Dennoch führt die narzißtische Besetzung des Kindes durch die Eltern zu einer langen Reihe sexueller und nicht-sexueller Verführungen, die das Kind später als Erwachsener (oft selber bereits Vater oder Mutter) in der Analyse erst mühsam entdeckt.

Ein Vater, der in einer triebfeindlichen Umgebung aufgewachsen ist, wird unter Umständen in seinen ehelichen Sexualbeziehungen sehr gehemmt sein, vielleicht auch polymorph pervers bleiben, und sich z. B. beim Baden seines kleinen Mädchens zum ersten Mal wirklich getrauen, das weibliche Genitale genau anzuschauen, mit ihm zu spielen und eine Erregung dabei zu verspüren. Eine Mutter, die vielleicht als kleines Mädchen durch den plötzlichen Anblick eines erigierten Penis erschreckt wurde und Angst vor dem männlichen Genitale entwickelte oder dieses in der Urszene als Symbol der Gewalt erlebte, ohne sich jemandem anvertrauen zu können – eine solche Mutter kann nun bei ihrem winzigen Sohn ihre Angst in den Griff bekommen. Sie kann z. B. das Kind nach dem Baden so »abtrocknen«, daß es eine Erektion bekommt, die für sie nicht gefährlich, nicht bedrohlich ist. Sie kann auch bis zur Pubertät den Penis ihres Jungen ohne Angst massieren, um »seine Phimose zu beheben«. Im Schutz der unbestrittenen Liebe, die jedes Kind seiner Mutter entgegenbringt, kann sie ihre echten, zaghaften, sehr früh unterbrochenen Sexualforschungen weiterführen.

Was bedeutet es aber für das Kind, wenn es von sexuell gehemmten Eltern in ihrer einsamen Not narzißtisch gebraucht wird? Jedes Kind sucht zärtliche Berührungen und wird beglückt sein, wenn es sie bekommt. Gleichzeitig aber fühlt es sich verunsichert, wenn Wünsche in ihm geweckt werden, die auf seiner Entwicklungsstufe spontan nicht aufgetreten wären. Die Verunsicherung wird dadurch noch verstärkt, daß die eigenen autoerotischen Betätigungen durch verbietende Worte oder verachtende Blicke der Eltern gestraft werden.

Es gibt neben den sexuellen auch andere Formen der Vergewaltigung des Kindes, so z. B. diejenige mit Hilfe der Indoktrinierung, die sowohl der »antiautoritären«, als auch der »guten Erziehung« zugrunde liegt. In beiden Erziehungsformen können die wahren Bedürfnisse des Kindes auf seiner jeweiligen Entwicklungsstufe nicht wahrgenommen werden. Sobald das Kind als Eigentum erlebt wird, mit dem man bestimmte

Ziele vorhat, sobald man sich seiner bemächtigt, wird sein lebendiges Wachstum gewaltsam unterbrochen.

Es gehört zu den Selbstverständlichkeiten unserer Erziehung, daß wir oft zunächst die lebendigen Wurzeln abschneiden und nachträglich versuchen, ihre natürliche Funktion auf künstlichem Wege zu ersetzen. So wird z. B. die Neugier des Kindes unterbunden (»bestimmte Fragen stellt man nicht«), und später, wenn der natürliche Antrieb zum Lernen bereits fehlt, werden ihm Nachhilfestunden bei Schulschwierigkeiten angeboten. Ein ähnliches Beispiel finden wir im Verhalten des Süchtigen, wobei da die Objektbeziehung bereits internalisiert worden ist. Menschen, die als Kinder ihre sehr intensiven Gefühle mit Erfolg unterdrücken mußten, versuchen oft, mit Hilfe der Droge oder des Alkohols die verlorene eigene Erlebnisintensität – wenigstens für kurze Zeit – zurückzugewinnen.

Damit wir die unbewußte Vergewaltigung und Diskriminierung des Kindes vermeiden können, muß sie uns zunächst überhaupt zum bewußten Erlebnis werden. Erst eine *Sensibilisierung für die feinen und subtilen Arten der Demütigung eines Kindes* könnte uns helfen, den *Respekt* für das Kind zu entwickeln, den es vom ersten Tag seines Lebens braucht, um seelisch wachsen zu können. Es gibt verschiedene Wege, um diese Sensibilisierung zu erreichen, z. B. *Beobachtung* von Situationen mit fremden Kindern, in denen man versucht, sich in das Kind einzufühlen, oder die Entwicklung von *Empathie für das eigene Schicksal.* Es gibt auch für uns Analytiker die Möglichkeit, einem Analysanden in seine Vergangenheit zu folgen und anzunehmen, daß *seine Gefühle eine reale Geschichte erzählen, die noch niemand kennt.*

DIE INTROJIZIERTE VERACHTUNG IM SPIEGEL DER PSYCHOANALYSE

I. Die gebrochene Artikulierung des Selbst im Wiederholungszwang

Wenn wir uns nicht darauf beschränken wollen, dem Patienten intellektuelle Einsichten zu vermitteln oder – wie es in manchen Psychotherapien durchaus nötig sein kann – seine Abwehrorganisation zu stärken, dann wird es uns nicht erspart bleiben, mit jedem Patienten eine neue Entdeckungsreise zu machen. Was entdeckt wird, ist nicht ein abgelegenes Land, sondern eines, das es noch gar nicht gibt und das erst im Laufe der Entdeckung und des Bewohnens anfängt zu existieren. Einen Patienten auf diesem Wege zu begleiten, ist ein faszinierendes Erlebnis – vorausgesetzt, daß wir nicht versuchen müssen, dieses Land mit den uns vertrauten Begriffen zu »bevölkern«, vielleicht um unserer Angst vor dem Unbekannten, Noch-nicht-Verstandenen auszuweichen. Sein wahres Selbst findet der Patient stückweise im Erleben der eigenen Gefühle und Bedürfnisse, wenn der Analytiker diese auch da, wo er sie noch nicht versteht, akzeptieren und respektieren kann.

Ich werde in Seminaren oder Einzelkontrollen manchmal gefragt, wie man mit »unerwünschten« Gefühlen, z. B. mit dem Ärger, umgehen sollte, den der Patient zuweilen im Analytiker weckt. Ein empfindsamer Analytiker wird diesen Ärger natürlich spüren. Die Frage ist: Soll er ihn unterdrücken, um den Patienten nicht abzuweisen? Aber dann spürt der Patient den unterdrückten Ärger, ohne ihn fassen zu können, und ist verwirrt. Soll der Analytiker ihn aussprechen? Dann ist durch dieses Agieren der Patient gekränkt und verunsichert. Ich habe erfahren, daß, wenn ich nicht versuche, auf solche Fragen mit Ratschlägen zu antworten, das Gespräch mit dem Kollegen eine viel tiefere und persönlichere Dimension bekommt. Die Frage nach dem Umgang mit dem Ärger und anderen Gefühlen der Gegenübertragung stellt sich nämlich nicht mehr, wenn man von der Voraussetzung ausgeht, daß *alle* Gefühle, die der Patient während seiner Analyse im Analytiker weckt, zu dem unbewußten Versuch gehören, ihm seine Geschichte zu erzählen und sie gleichzeitig vor ihm zu verbergen, d. h. sich vor neuen, unbewußt erwarteten Manipulationen zu schützen. Ich setze immer voraus, daß der Patient gar keine Möglichkeit hat, mir diese Geschichte anders zu erzählen, als genau in dieser Weise, wie er es tut. Insofern gehören alle in mir auftauchenden Gefühle, auch der Ärger, zu seiner verschlüsselten Sprache und sind von großem heuristischen Wert. Sie helfen zuweilen, die verlorenen Schlüssel zu den noch unsichtbaren Türen zu finden.

Es gab einmal eine Diskussion in der Fachliteratur darüber, wie man es merkt, ob Gefühle der Gegenübertragung nicht Ausdruck der Übertragung des Analytikers seien. Wenn der Analytiker den emotionalen Zugang zu seiner eigenen Kindheit freibekommen hat, dann wird er die Gefühle der Gegenübertragung leicht von den eigenen kindlichen Gefühlen (also von der eigenen »Übertragung«) unterscheiden können. Gefühle der Gegenübertragung sind wie ein kurzes Aufleuchten, wie Signale, deutlich mit der Person des Analysanden verbunden. Werden sie sehr intensiv, quälend und dauerhaft, so haben sie mit einem selbst zu tun. Die Gegenübertragung signalisiert entweder die einstigen Einstellungen der Primärobjekte des Patienten (bzw. die unbewußte Ablehnung dieser Rolle beim Analytiker) oder die nicht gelebten, abgespaltenen Gefühle des Kindes, die der

Patient im Laufe der Analyse an den Analytiker delegiert.

Kann man eine Geschichte darstellen, die man nicht kennt? So unmöglich dies erscheint – es geschieht doch in jeder Psychoanalyse. Damit diese Geschichte inszeniert und verstanden werden kann, braucht der Patient die analytische Situation als Rahmen für die Entwicklung seiner Übertragung. Er braucht einen Menschen, der in keiner Weise auf ein bestimmtes Sosein von ihm angewiesen ist, der ihn so sein lassen kann, wie er *jeweils* ist, und der zugleich bereit ist, alle ihm zugeschobenen Rollen so lange, wie es für den analytischen Prozeß nötig sein mag, auf sich »sitzen zu lassen«.

In einer so verstandenen Analyse spielt der Wiederholungszwang eine ganz eminente Rolle. Es ist über die negative Seite des Wiederholungszwanges viel geschrieben worden; seine unheimliche Tendenz, immer wieder das nicht erinnerte Trauma zu inszenieren, hat zuweilen etwas Grausames, Selbstzerstörerisches und kann begreiflicherweise die Assoziation vom Todestrieb nahelegen. Aber der Wiederholungszwang hat auch eine positive Seite. Er ist nämlich auch die Sprache des stummgebliebenen Kindes, die einzige Möglichkeit seiner Artikulierung. Ein stummes Kind braucht einen besonders empathischen Partner, um verstanden zu werden. Andererseits dient die Sprache sehr oft nicht dem Ausdruck von wahren Gefühlen und Gedanken, sondern ihrem Verbergen, Verschleiern, Verleugnen, also dem Ausdruck des falschen Selbst. So sind wir manchmal auf lange Strecken in der Arbeit mit unseren Patienten auf den Wiederholungszwang als die einzige Manifestation des wahren Selbst angewiesen. Er bildet die Grundlage der Übertragung und der Inszenierung im ganzen Interaktionsfeld des Patienten, das in der Literatur als Agieren bezeichnet und zuweilen mit Mißtrauen behandelt wird.

Nehmen wir ein Beispiel. In vielen Analysen taucht in den ersten Wochen oder Monaten der Wunsch nach einem Kinde auf. Man hat ihn lange auf den ödipalen Wunsch zurückgeführt. Das mag wohl manchmal stimmen. Doch die Einfälle der Patienten zeigen häufig sehr deutlich die narzißtischen Hintergründe dieses Wunsches.

Es heißt dann im Patienten: »Ich möchte *jemanden haben,* den ich ganz besitzen und über den ich verfügen kann (die Mutter hat sich mir entzogen), jemanden, der nicht nur vier Wochenstunden, sondern *immer* bei mir ist; ich bin jetzt niemand, als Mutter oder Vater wäre ich *jemand*, würde mehr bei den anderen gelten, als wenn ich kinderlos bliebe.« Oder es kann auch heißen: »Ich möchte meinem Kind alles geben, was ich entbehren mußte, es soll frei sein, sich nicht verleugnen müssen, sich frei entwickeln können. Ich will einem Wesen diese Chance geben.«

Diese zweite Variante sieht sehr »objektbezogen« aus. Wenn das aber so wäre, könnte der Patient sich mit der Erfüllung seines Wunsches Zeit lassen. Und es wäre ihm dann auch möglich geworden, gegen Ende seiner Analyse, *aus der Fülle* zu schenken. Ist aber der Kinderwunsch am Anfang der Analyse unaufschiebbar und zeigt deutlich den Dringlichkeitscharakter, dann ist er ein Ausdruck der eigenen großen Bedürftigkeit.

Da kommen verschiedene Aspekte zusammen:

1. Der Wunsch nach einer verfügbaren *Mutter* (das Kind als neue Chance für die gesuchte, weil nie gelebte gute Symbiose).

2. Die Hoffnung auf die Geburt der eigenen Lebendigkeit (das Kind als Symbol des *wahren Selbst des Patienten*).

3. Die unbewußte Mitteilung über das eigene Kinderschicksal mit Hilfe des Wiederholungszwanges (das Kind als *Geschwister-Konkurrenz* und das Aufgeben der Hoffnung): mit der Geburt des Geschwisters verstärkte sich einst der Selbstverlust, und mit der Geburt seines Kindes gibt der Patient (vorläufig!) auf, sein eigenes Selbst zu realisieren.

Eine Deutung dieses problematischen Kinderwunsches als Agieren bleibt meistens erfolglos, weil der Wiederholungszwang hier noch zu stark am Werk ist. Der Analytiker wird dann wie eine verbietende Mutter erlebt, gegen die man sich behaupten möchte, aber es zunächst nur auf diese selbstschädigende Art kann, weil man noch nicht vom Introjekt freigeworden ist. So muß der Analytiker also zusehen, wie der Patient einem neuen Menschen das Leben schenkt, um sich seine Chance scheinbar zu zerstören, aber zugleich an dem, was er da macht, sein früheres halbgelebtes Leben zu entdecken und es nun bewußt, mit den erwachenden Gefühlen zu erleben. Wie ein Kind, das mit den Figuren des Szenotestes seine Familie darstellt, breitet der Patient mit Hilfe seines neugeborenen Kindes unbewußt die Tragik seines Schicksals vor sich selber aus.

Da liegt die doppelte Funktion des Wiederholungszwanges. Der Patient spürt: hier geht es zum ersten Mal wirklich um ihn, da wird sein Selbst geboren. Mit dem Wunsch, ein Kind zu gebären, wird diese Erwartung ausgedrückt, aber sie soll an einem *anderen Wesen* realisiert werden. Der Patient wird sich jetzt nicht dem Säugling, der er war, sondern einem realen, gegenwärtigen Säugling widmen. Da aber das Neugeborene *auch für sein eigenes kindliches Selbst* steht, kann der Patient mit ihm, teilweise identifikatorisch, teilweise im Gewand der eigenen Eltern, die er allmählich *in sich* findet, die eigene abgewehrte

Kindheitsgeschichte Stück für Stück emotional entdecken.

Der Wiederholungszwang ist auch ohne Analyse mehr oder weniger stark wirksam. Es ist bekannt, wie z. B. die Partnerwahl mit dem Charakter des primären Objektes zusammenhängt. Aber in der Analyse verstärkt sich diese Tendenz, vor allem, weil die Inszenierung den Analytiker einbeziehen und dabei eine Lösung gefunden werden kann. Doch oft ist der Umweg über Nebenübertragungsfiguren unumgänglich, denn die Angst vor dem Objektverlust ist, sobald ambivalente Gefühle kommen, fast nicht auszuhalten. Die »Mutter als Umwelt« muß noch von der »Mutter als Objekt« getrennt werden. Es gehört zur frühesten Erfahrung des Patienten, daß Unzufriedenheit und Enttäuschung am Objekt nicht diesem gleichen Objekt gezeigt werden konnten, weil dies zum Rückzug und Liebesentzug der geliebten Mutter oder des geliebten Vaters geführt hätte. Es muß zwar in der Analyse zum Moment kommen, wo auch dieses Risiko ausgehalten und überlebt wird (vgl. S. 37), aber zunächst wird der Analytiker oft lange als Begleitperson gebraucht, um der Erinnerung unzugängliche Erlebnisse mit den primären Objekten vorerst einmal, wie probeweise, an den Nebenübertragungsfiguren zu entdecken.

Die neuerworbene Fähigkeit, Gefühle zuzulassen,

befreit im Patienten lang verdrängte alte Bedürfnisse und Wünsche, die aber ohne Selbstbestrafung noch nicht befriedigt werden können oder in der Realität nicht mehr zu befriedigen sind, weil sie sich auf vergangene Situationen beziehen. Der letztere Fall wird deutlich am Beispiel des unaufschiebbaren, dringlichen Kinderwunsches, der, wie ich es oben zu schildern versuchte, u. a. den Wunsch nach *einer verfügbaren Mutter* ausdrückt.

Es gibt aber durchaus Bedürfnisse, die in der Gegenwart befriedigt werden können und sollen und die regelmäßig in den Analysen narzißtisch gestörter Menschen auftauchen. Dazu gehört z. B. das *zentrale Bedürfnis jedes Menschen, sich frei zu artikulieren,* d. h. als das, was er ist, nach außen treten zu können – im Wort, in der Geste, im Verhalten, in jedem echten Ausdruck, der zwischen dem Schrei des Säuglings und dem künstlerischen Werk liegen kann.

Bei Menschen, die ihr wahres Selbst als Kinder vor anderen und vor sich selber verbergen mußten, ist dieses erste Heraustreten mit großer Angst verbunden. Und doch fühlen sich gerade diese Menschen stark dazu gedrängt, im Schutze der Analyse die früheren Schranken umzuwerfen. Der erste Schritt führt nicht zur Befreiung, sondern zur zwanghaften Wiederholung der Kindheitskonstellation, d. h. zum Erlebnis der Gefühle von quälender Scham und schmerzhafter Entblößung, die das »Sich-zeigen« begleiten. Mit einer schlafwandlerischen Sicherheit wird sich der Analysand Menschen aussuchen, die genauso wie seine Eltern (wenn auch aus anderen Gründen) nicht die Möglichkeit haben, ihn zu verstehen. Und gerade bei diesen wird er sich – im Wiederholungszwang – anstrengen, sich verständlich zu machen, das Unmögliche also doch möglich zu machen.

In einem bestimmten Stadium ihrer Analyse verliebte sich eine junge Frau in einen älteren, intelligenten und sensiblen Mann, der aber außer der Erotik alles, was er nicht intellektuell fassen konnte, also auch die Psychoanalyse, abwehren und ablehnen mußte. Ausgerechnet diesem Menschen schrieb die Patientin lange Briefe und versuchte, ihm zu erklären, welchen Weg sie in der Analyse bisher gegangen war. Es gelang ihr, alle Signale seines Befremdetseins zu übersehen, und sie verdoppelte ihre Anstrengungen, bis sie einsehen mußte, daß sie wieder ein Vatersubstitut gefunden hatte und deshalb ihre Hoffnung, doch noch verstanden zu werden, nicht aufgeben konnte. Das Erwachen brachte zunächst quälende, beißende Schamgefühle, die längere Zeit anhielten. Eines Tages konnte die Analysandin diese Gefühle in der Stunde erleben und sagte: »Ich komme mir so lächerlich vor, als ob ich an eine Wand gesprochen und gewartet hätte, sie würde mir antworten; wie ein dummes Kind.« Ich fragte: »Würden *Sie* lachen, wenn Sie ein Kind sähen, das seinen Kummer einer Wand anvertrauen muß, weil niemand anderer da ist?« Das verzweifelte Schluchzen, das auf diese meine Frage folgte, eröffnete der Patientin den Zugang zu einem Teil ihrer früheren Realität, die aus einer unendlichen Einsamkeit bestanden hatte. Zugleich befreite es sie von den quälenden, vernichtenden Schamgefühlen des Wiederholungszwanges. Am nächsten Tage brachte die Patientin ihr erstes Gedicht, das sie in der Nacht geschrieben hatte.

Erst viel später konnte sie es sich leisten, nicht nur mit Nebenübertragungsfiguren, sondern auch mit mir das Erlebnis der »Wand« zu wiederholen. Diese Frau, die sich sonst so klar auszudrücken verstand, erzählte eine Zeitlang alles so seltsam verwickelt und überstürzt, daß ich keine Chance mehr hatte, sie im einzelnen zu verstehen, wahrscheinlich wie ihre Eltern seinerzeit. Sie erlebte Augenblicke von plötzlichem Haß und narzißtischer Wut und warf mir meine Gleichgültigkeit und Verständnislosigkeit vor. Die Patientin erkannte mich fast nicht wieder, obwohl ich die Gleiche geblieben war. So fand sie jetzt *ihre eigene Kindheit bei mir*. Auch ein Kind kann es doch niemals fassen, daß die gleiche Mutter, die so gut kocht, so um seinen Husten besorgt ist und ihm so liebevoll bei seinen Aufgaben hilft, unter Umständen von seiner verborgenen Innenwelt so wenig spüren kann wie eine Wand. Mit den heftigen Vorwürfen an mich löste sich schließlich der Wiederholungszwang, der darin bestand, sich immer ein verständnisloses Gegenüber zu suchen oder es sich zu konstellieren und sich als von ihm hoffnungslos abhängig zu erleben. Die Faszination solcher quälender Beziehungen gehört zum Zwang, ganz frühe Enttäuschungen mit den Eltern immer neu zu wiederholen.

II. Die Perpetuierung der Verachtung in der Perversion und in der Zwangsneurose

Wenn wir davon ausgehen, daß die ganze emotionale Entwicklung eines Menschen (und sein darauf aufbauendes narzißtisches Gleichgewicht) davon abhängt, wie *seine Mutter* bereits in den ersten Tagen und Wochen die *Äußerungen seiner Bedürfnisse und seiner Empfindungen* erlebt hat, dann müssen wir annehmen, daß hier die ersten Weichen einer *Valorisierung der Gefühle* und *Triebregungen* gestellt werden. Konnte eine Mutter die Spiegelfunktion nicht erfüllen, sich nicht am Sein des Kindes freuen, sondern war sie auf ein bestimmtes *Sosein* stark angewiesen, so fand hier *die erste Selektion* statt: es wurde das »Gute« vom »Bösen«, das »Häßliche« vom »Schönen«, das »Richtige« vom »Falschen« geschieden, und diese Selektion wurde

vom Kind verinnerlicht. Auf diesem Hintergrund spielten sich weitere Introjektionen von differenzierteren Werthaltungen der Eltern ab.
Da jede Mutter eine »Requisitenkammer« in sich trägt (vgl. S. 48), wird wohl jeder Säugling erfahren müssen, daß es etwas an ihm gibt, das seine Mutter nicht »brauchen« kann. Z. B. wird vom Kind oft erwartet, daß es seine Körperfunktionen so früh wie möglich beherrschen kann, bewußt – um in der Gesellschaft nicht anzustoßen, unbewußt – um nicht die Reaktionsbildung der Eltern zu erschüttern, die selber als Kinder Angst haben mußten, »anzustoßen«.
In ihren Tagebüchern beschreibt Marie Hesse, die Mutter des Dichters, eine zweifellos differenzierte Frau, wie ihr Wille mit vier Jahren gebrochen wurde. Als ihr Sohn vier Jahre alt wird, leidet sie ganz besonders unter seinem Trotz und bekämpft ihn mit wechselndem Erfolg. Mit fünfzehn Jahren wird Hermann Hesse nach Stetten in eine Anstalt für Geistesschwache und Epileptiker gesteckt, damit »sein Trotz endlich gebrochen werde«. In einem erschütternden, zornigen Brief aus Stetten schreibt Hesse an seine Eltern u. a.: »Wenn ich Pietist und nicht ein Mensch wäre, könnte ich vielleicht auf Euer Verständnis hoffen.« Doch nur nach einer »Besserung« wurde ihm eine Entlassung aus dem Heim in Aussicht gestellt, und so hat sich der Junge »gebessert«. In

einem späteren, seinen Eltern gewidmeten Gedicht ist die Verleugnung und Idealisierung wiederhergestellt: er beschuldigt sich, seinen Eltern mit »seiner Art« das Leben doch so schwer gemacht zu haben. Dieses Schuldgefühl, das bedrückende Gefühl, die Erwartungen der Eltern nicht erfüllt zu haben, behalten viele Menschen ihr Leben lang. Es ist stärker als jede intellektuelle Einsicht, daß es doch nicht die Aufgabe eines Kindes sein kann, die narzißtischen Bedürfnisse der Eltern zu befriedigen. Mit keinem Argument ist diesen Schuldgefühlen beizukommen, weil sie in einer sehr frühen Zeit ihren Ursprung haben und von dort ihre Intensität und Hartnäckigkeit beziehen.

Die wohl größte narzißtische Wunde – nicht als das, was man war, geliebt worden zu sein – kann ohne Trauerarbeit nicht heilen. Sie kann entweder (mehr oder weniger erfolgreich) abgewehrt (wie z. B. in der Grandiosität und der Depression), oder, im Wiederholungszwang, immer wieder aufgerissen werden. Dieser letzten Möglichkeit begegnen wir in der Zwangsneurose und in der Perversion. Die mütterlichen (oder väterlichen) verachtenden Reaktionen werden introjiziert. Das Entsetzen und Befremden, der Widerwille und Ekel, die Empörung und Entrüstung, Angst und Panik wurden in der Mutter oft durch die natürlichsten Regungen des Kindes ausgelöst,

z. B. durch autoerotische Betätigungen, das Suchen und Entdecken des eigenen Körpers, durch die orale Gier, das Nässen, das Defäzieren, das Berühren und Spielen mit den eigenen Ausscheidungen, durch Neugier oder durch Zorn bei Enttäuschung und Versagung. Später werden all diese Erlebnisse mit den entsetzten Augen der Mutter verknüpft bleiben, was sich sehr deutlich in der Übertragung kundgibt.

Der Patient wird Qualen ausstehen, wenn er dem Analytiker seine bisher geheimen sexuellen oder autoerotischen Befriedigungen mitteilt. Natürlich kann er das auch ohne Gefühle tun, eine reine Information geben, als ob er von einem fremden Menschen spräche. Aber eine solche Mitteilung hilft ihm nicht, seine Einsamkeit zu durchbrechen, und führt ihn nicht zur Realität seiner Kindheit. Erst wenn er aufgefordert wird, in der Analyse die Gefühle der Scham und der Angst nicht abzuwehren, sondern sie vielmehr zuzulassen und zu erleben, erfährt er, wie es ihm als Kind ergangen sein muß. Er fühlt sich wegen der harmlosesten Betätigung gemein, schmutzig oder total vernichtet. Und er ist selber überrascht, wie lange dieses verdrängte Schamgefühl überdauert hat, wie lange es Platz hatte neben seinen toleranten und fortschrittlichen Ansichten über Sexualität. Erst diese *Erlebnisse* zeigen dem Patienten, daß seine frühe Anpassung durch Abspaltung nicht

Ausdruck von Feigheit, sondern wirklich seine einzige Chance war, diesem Gefühl von Vernichtung zu entgehen.

Was kann man aber anderes von einer Mutter erwarten, die schon immer stolz darauf war, das brave liebe Mädchen ihrer Mutter gewesen zu sein, mit sechs Monaten trocken, mit einem Jahr sauber, mit drei Jahren die »Mutter« des noch kleineren Geschwisters usw. In ihrem eigenen Säugling sieht die Mutter nun den *nie gelebten, abgespaltenen Teil* ihres Selbst, dessen Durchbruch ins Bewußtsein sie fürchtet, und zugleich das hemmungslose Geschwister-Baby, das sie selber so früh bemuttert hatte und das sie jetzt erst im eigenen Kind *beneiden und vielleicht haßen muß*. Und sie dressiert ihr Kind *mit Blicken* gegen ihr besseres Wissen, sie kann nicht anders. Und das Kind wächst heran und kann es nicht aufgeben, seine Wahrheit zu leben, sie doch noch irgendwie, vielleicht ganz im Verborgenen, zum Ausdruck zu bringen. So kann sich ein Mensch den Forderungen seiner Umwelt vollständig angepaßt und ein falsches Selbst entwickelt haben, aber in seiner Perversion oder in seiner Zwangsneurose ein Stück seines wahren Selbst – unter Qualen – doch noch leben lassen. Dieses »lebt« aber in den gleichen Umständen bzw. unter den gleichen Bedingungen wie damals das Kind bei der entsetzten Mutter, die inzwischen introjiziert wurde. Die

Perversion und die Zwänge inszenieren immer wieder das gleiche Drama: nur unter der Voraussetzung einer entsetzten Mutter ist die Triebbefriedigung möglich, d. h. nur im Klima der *Selbstverachtung* ist ein Orgasmus (z. B. mit einem Fetisch) zu erreichen, nur in (scheinbar) absurden, befremdenden (beängstigenden) Zwangsvorstellungen darf sich eine Kritik durchsetzen.

Nichts kann uns besser in die verborgene Tragik der unbewußten Kind-Mutterbeziehung einführen, als die Analyse einer Perversion oder Zwangsneurose, das Miterleben der zerstörenden Macht des Wiederholungszwanges und das Hören seiner stummen, unbewußten Mitteilung in der Inszenierung des Dramas.

Es ist von eminenter Bedeutung, daß der Patient zwar die Möglichkeit bekommt, den Analytiker als triebfeindlich, diskriminierend und verachtend *zu erleben,* aber daß der Analytiker es *niemals* wirklich *ist.* Dies scheint vielleicht selbstverständlich, ist es aber in der Praxis nicht immer.

Manchmal passiert dem Analytiker genau das Gegenteil, völlig unbewußt und in bester Absicht. Es kann passieren, daß der Analytiker es kaum erträgt, zu einer derart triebfeindlichen Figur gemacht zu werden und seine Toleranz demonstriert, um den Patienten dazu zu bewegen, *ohne Angst* – z. B. über seine Onaniepraxis – zu erzählen. Damit macht er dem Patienten das *Erlebnis* seiner Mutter in der Übertragung unmöglich. Gleichzeitig aber wiederholt der Analytiker *real* die Ablehnung der Mutter dem kleinkindlichen Triebleben gegenüber, indem er es in seiner ursprünglichen Qualität der kindlichen Angst und Verwirrung erst gar nicht aufkommen läßt und seinen Patienten nur auf der erwachsenen Stufe anspricht.

Man könnte es eigentlich auch als Diskriminierung, als Entwertung des Kindlichen erleben, wenn der Analytiker betont, daß für ihn die Patienten selbstverständlich immer Erwachsene und nicht Kinder seien, als ob »Kind-sein« etwas Beschämendes und nicht ein Reichtum wäre, den wir später verlieren. Ähnliche Äußerungen kann man gelegentlich über das Kranksein hören, wenn nämlich Analytiker versuchen, den Patienten so gesund wie möglich zu sehen und vor »gefährlichen Regressionen« warnen. Als ob die Krankheit nicht zuweilen gerade der einzig mögliche Ausdruck des wahren Selbst wäre. Die Menschen, die zu uns kommen, waren ja ihr ganzes Leben lang bestrebt, so erwachsen und so gesund (»normal»), wie nur möglich zu sein. Sie erleben es als eine große innere Befreiung, wenn sie diese gesellschaftlich bedingten Zwänge von Kinderfeindlichkeit und »Normalität«-Verehrung in sich entdecken und aufgeben können.

Ein Mensch, der an seiner Perversion leidet, trägt

in sich die Ablehnung der Mutter und versucht, diese überall »aufzuhängen«, d. h. die ablehnende Mutter wieder zu externalisieren. Deshalb *muß* er Dinge tun, die in seiner Umgebung, in seiner Gesellschaft verpönt und verachtet werden. Wenn die Gesellschaft plötzlich seine Art von Perversion heiligen würde (wie es in bestimmten Kreisen geschieht), müßte er seine Zwänge ändern, aber er wäre dadurch nicht frei. Was er »braucht«, ist nicht die Erlaubnis für diesen oder jenen Fetisch, sondern die befremdeten, entsetzten Augen. Und diese wird er auch bei seinem Analytiker suchen, falls er eine Analyse macht, und wird ihn mit allen Mitteln provozieren müssen, angewidert, befremdet, angeekelt zu sein. Diese Provokation ist natürlich ein Stück Übertragung, und man kann an den Ansätzen der Gegenübertragung erahnen, was am Anfang dieses Lebens geschehen ist.

Wenn der Analytiker aber den Sinn und den Zwang dieser Provokation durchschauen kann, dann bricht ein ganz morsches Gebäude zusammen und macht einer echten, tiefen und ungeschützten Trauer Platz. Alle Verzerrungen sind plötzlich nicht mehr nötig, wenn die narzißtische Wunde erlebt werden konnte. Es zeigt sich da mit aller Deutlichkeit, auf welchen Holzweg wir uns begeben können, wenn wir versuchen, einem Patienten Triebkonflikte klarzumachen, der seit der frühesten Kindheit darauf *dressiert war, nicht zu fühlen.* Wie können Triebwünsche und Triebkonflikte ohne Gefühle erlebt werden? Was bedeutet Oralität ohne Gier, Analität ohne Gefühle von Trotz und Neid, was ist der Ödipuskomplex ohne Gefühle von Zorn, Verlassenheit, Eifersucht, Einsamkeit, Verliebtheit? Es ist sehr eindrücklich, wie oft das *pseudo-triebhafte* Agieren zusammenbricht, wenn der Patient anfängt, *seine* Gefühle zu leben und seine *wahren* Triebwünsche wahrzunehmen.

Einem Bericht über St. Pauli im »Stern« vom 8. 6. 1978 entnahm ich den folgenden Satz: »Du spürst den so verführerischen wie absurden Männertraum, von Frauen gehätschelt zu werden wie ein Säugling und sie dennoch zu beherrschen wie ein Pascha.« Dieser »Männertraum« ist nicht nur nicht absurd, sondern entstammt dem echtesten und *legitimsten Bedürfnis des Säuglings.* Unsere Welt würde sicher anders aussehen, wenn die meisten Säuglinge die Chance hätten, über die Mutter wie ein Pascha verfügen zu können und von ihr gehätschelt zu werden, ohne sich zu früh um die Bedürfnisse der Mutter kümmern zu müssen.

Der Autor des Berichtes fragte die Stammgäste, was ihnen die größte Lust in diesen Lokalen verschaffe, und faßt die Antworten in folgenden Worten zusammen: *»Die Verfügbarkeit, die Preisgabe der Mädchen:* daß es bei ihnen *keiner Liebesbe-*

teuerung bedarf wie bei einer Freundin. Und daß *keine Verpflichtungen, Seelendramen* und *Gewissensbisse zurückbleiben,* wenn die Lust geschwunden ist: ›*Du zahlst und bist frei.*‹ Sogar (und *gerade*) *das Erniedrigende,* das eine solche Begegnung auch (und gerade) für den Freier hat, *kann die Erregung steigern* – aber davon redet man weniger gern.« (Hervorhebungen von mir – A. M.) Die Erniedrigung, Selbstverachtung und Selbstentfremdung spiegeln intrapsychisch die Verachtung der primären Objekte und schaffen im Wiederholungszwang die gleichen tragischen Lustbedingungen wie einst.

Die Perversion ist ein Grenzfall, aber an ihr läßt sich etwas verstehen, was auch für Behandlungen anderer Störungen gelten dürfte, nämlich welch große Bedeutung der *introjizierten unbewußten Verachtung* zukommen dürfte.

Etwas Unbewußtes kann man nicht mit Proklamationen oder Verboten abschaffen. Man kann sich nur dafür *sensibilisieren,* um es zu erkennen, bewußt zu erleben und es so unter Kontrolle zu bekommen. Eine Mutter kann den besten Vorsatz haben, ihr Kind zu respektieren, wird es aber nicht können, solange sie nicht spürt, wie sie etwa mit einer ironischen Bemerkung, die nur ihre eigene Unsicherheit zudecken sollte, ihr Kind beschämt. Sie *kann* aber *nicht spüren,* wie sehr sich ihr Kind gedemütigt, verachtet und entwertet neben ihr fühlt, wenn sie selber diese Gefühle nie bewußt erlebte, sondern sie mit Ironie abzuwehren suchte. Ähnlich könnte es uns in der analytischen Arbeit gehen. Wir gebrauchen zwar nicht Worte wie schlecht, schmutzig, böse, egoistisch, verdorben, aber sprechen untereinander über »narzißtische«, »exhibitionistische«, »destruktive«, »regressive« Patienten und merken nicht, daß wir diesen Worten (unbewußt) eine entwertende Bedeutung verleihen. Es wäre möglich, daß wir in unserem abstrakten Vokabular, in unserer *objektivierenden Haltung,* sogar in der Theorienbildung etwas gemeinsam haben mit den verachtenden Blicken der Mütter, die den dreijährigen angepaßten Mädchen *in ihnen* entstammen. Man kann es gut begreifen, wenn sich der Analytiker durch die verachtende Haltung des Patienten z. B. dazu verleiten läßt, seine eigene Überlegenheit mit Hilfe von Theorien zu schützen. Doch das wahre Selbst des Patienten wird uns in unserem Schanzengraben keinen Besuch abstatten. Es wird sich vor uns in der gleichen Art verborgen halten wie vor den entsetzten Augen der Mutter. Gelingt es aber, dank unserer Sensibilisierung, hinter *jeder* Verachtung des Analysanden der Fortsetzungsgeschichte des verachteten Kindes nachzuspüren, dann fällt es dem Analytiker leicht, sich nicht angegriffen zu fühlen und sich nicht länger hinter den Theorien innerlich zu verschanzen. Die Kenntnis der Theorien kann zwar hilfreich sein, aber nur wenn sie ihre defensive Funktion verloren hat, wenn sie auch nicht mehr wie die Nachfolgerin der strengen, kontrollierenden Eltern den Analytiker zur Anpassung zwingt und einengt, sondern wie Winnicotts »herumliegende Teddybären« (vgl. 1974) nach Bedarf in greifbarer Nähe ist.

III. Das »Verdorbene« in der Kinderwelt von Hermann Hesse als Beispiel des konkreten »Bösen«

Es ist sehr schwer zu schildern, wie ein Mensch mit der als Kind erlittenen Verachtung, insbesondere der Verachtung seiner Sinnlichkeit und Lebensfreude, umging, ohne genaue anschauliche Beispiele dafür zu bringen. Gewiß könnte man mit Hilfe verschiedener metapsychologischer Modelle die intrapsychische Dynamik, die Besetzungsverschiebungen, Strukturveränderungen, verschiedene Abwehrmechanismen, insbesondere die »Affektabwehr«, darstellen, aber damit könnten wir nicht das *emotionale Klima* vermitteln, welches diese Not erst einfühlbar nahebringt, d. h. dem Leser eine Identifikation und Empathie ermöglicht. Bei rein theoretischen Darstellungen halten wir uns emotional »draußen«, wir können über »die Anderen« verhandeln, sie einordnen, gruppieren, benennen, in einer Sprache über sie diskutieren, die *nur wir verstehen*.

Zweifellos besteht eine Ungleichheit im analytischen Setting (zwischen dem liegenden Analysanden und dem sitzenden Analytiker), die ihren Sinn und ihre Berechtigung hat. Aber es besteht kein notwendiger Grund, sie auf andere Situationen wie z. B. Diskussionen, Vorträge, Aufsätze auszudehnen. Ich muß also die Ungleichheit und Distanz zwischen Couch und Sessel *in mir* überwinden, wenn ich den Patienten nicht zum Objekt meines Wissens instrumentalisieren will.

Wie läßt sich das verwirklichen, wenn man das Bedürfnis hat, nicht nur den Patienten zu begleiten, sondern auch gewonnene Erfahrungen zu vermitteln? Mit metapsychologischen Begriffen kann ich ja nicht spürbar machen, wie sehr *wir alle* als Menschen (als Kinder und als Analysanden) *unserer gemeinsamen Sensibilität* bedürfen. Wenn ich aber Beispiele ausführlich beschreibe, komme ich in Gefahr, die verborgene, versteckte Tragik eines Menschen der Öffentlichkeit preiszugeben. Ich würde damit (nicht in der Intention, aber doch real) die Respektlosigkeit der Mutter wiederholen, die z. B. das Kind beim Onanieren entdeckte und beschämte.

Und doch läßt es sich nur am konkreten Leben zeigen, wie ein Mensch das konkrete *»Böse« seiner Kindheit* als *»das Böse an sich«* erlebt hat. Es läßt sich nur an der einzelnen Lebensgeschichte spürbar machen, *wie* jemand die Zwänge seiner Eltern gar nicht als solche durchschauen kann, sobald sie ein

Teil von ihm selbst geworden sind, auch wenn er das ganze Leben versucht, aus diesem inneren Gefängnis auszubrechen.
In diesem Dilemma zwischen Metapsychologie und Indiskretion entschloß ich mich, den recht komplizierten Sachverhalt am Beispiel von Hermann Hesse zu schildern, das jede moralisierende Wertung von vornherein ausschließt und das, obwohl es eben nicht von einer Perversion handelt, doch, wie es mir scheint, etwas mit der Vorgeschichte der Perversion gemeinsam hat, nämlich die Introjektion der elterlichen Verachtung für die Triebbedürfnisse des Kindes. Dieses Beispiel hat auch den Vorteil, daß es bereits an die Öffentlichkeit gekommen ist und zwar durch den Betroffenen selbst und daß die von mir vermuteten Zusammenhänge am konkreten Material der Lebensgeschichte verdeutlicht werden können.
Am Anfang seines *Demians* schildert Hermann Hesse die Güte und Reinheit eines Elternhauses, das für die Notlüge eines Kindes keinen Platz und keine Ohren hat. (Es ist nicht schwer, und der Autor bestätigt das indirekt, in diesem Roman sein eigenes Elternhaus zu erkennen.) So bleibt das Kind mit seiner Sünde einsam und fühlt sich verdorben, böse und ausgestoßen, obwohl niemand mit ihm schimpft und alle (weil sie das »Schreckliche« nicht wissen) nett und freundlich zu ihm sind.

Diese Situation kennen viele Menschen. Auch die idealisierende Weise, ein so »reines« Haus zu schildern, ist uns nicht fremd und spiegelt sowohl die kindliche Sicht als auch die verborgene Grausamkeit des uns bekannten Erziehungsstils.

»Wie fast alle Eltern«, schreibt Hesse im *Demian,* »so halfen auch die meinen nicht den erwachenden Lebenstrieben, von denen nicht gesprochen ward. Sie halfen nur, *mit unerschöpflicher Sorgfalt,* meinen hoffnungslosen Versuchen, *das Wirkliche zu leugnen* und in einer Kindeswelt weiter zu hausen, die immer unwirklicher und *verlogener* ward. Ich weiß nicht, ob Eltern hierin viel tun können, und mache den meinen keinen Vorwurf. Es war meine eigene Sache, mit mir fertig zu werden und meinen Weg zu finden, und ich tat meine Sache schlecht, wie die meisten Wohlerzogenen.« (Hervorhebungen von mir – A. M.).

Dem Kind erscheinen die Eltern frei von triebhaften Wünschen, denn sie haben Mittel und Möglichkeiten, ihre sexuellen Befriedigungen zu verbergen, während das Kind der Kontrolle ausgesetzt ist.[2]

2 Hesse schreibt in seiner Erzählung *Kinderseele*: »Die Erwachsenen taten, als sei die Welt vollkommen und als seien sie Halbgötter, wir Knaben aber nichts als Auswurf und Abschaum.« . . . »Immer wieder passierte schon nach Tagen, schon nach Stunden etwas, was nicht hätte sein dürfen, etwas Elendes, Betrübendes und Beschämendes. Immer wieder fiel man aus den trotzigsten und adligsten Entschlüssen und Gelöbnissen plötzlich unentrinnbar in Sünde und Lumperei, in Alltag und Gewöhnlichkeiten zurück! . . . Warum war das so? Ging es andern anders?«

Der erste Teil von *Demian* scheint mir gut einfühlbar, auch für Menschen, die in anderen Kreisen aufgewachsen sind. Was die Fortsetzung der Lektüre so eigenartig schwierig macht, muß irgendwie mit Hesses Introjektion der emotionalen Wertungen seines Eltern- und Großelternhauses (Missionarenfamilien) zusammenhängen, die in vielen seiner Erzählungen spürbar ist, aber vielleicht am *Demian* am einfachsten gezeigt werden kann.

Obwohl Sinclair eine eigene *Erfahrung der Grausamkeit* (die Erpressung durch den größeren Jungen) bereits gemacht hat, bleibt diese Erfahrung *unwirksam,* sie gibt ihm nicht den Schlüssel zum besseren Verständnis der Welt. Das »Böse« ist für ihn »das Verdorbene« (da ist die Missionarensprache): nicht der Haß, nicht die Ambivalenz, nicht die Grausamkeit, die jeder Mensch in sich trägt und die Sinclair ja auch selber bereits erfuhr, repräsentieren für ihn das Böse, sondern merkwürdige Lappalien, wie z. B. das Trinken im Wirtshaus.

Diese spezifische Vorstellung vom Bösen als dem »Verdorbenen« hat der kleine Hesse seinem Elternhaus entnommen, sie ist nicht in seiner Persönlichkeit verwurzelt, ist wie ein Fremdkörper. Deshalb mutet alles, was sich nach der Einführung des Gottes Abraxas, der »das Göttliche und das Teuflische vereinigen« soll, abspielt, seltsam

entfremdet an, es berührt uns nicht mehr. Das Böse soll hier mit dem Guten wie *künstlich* zusammengefügt werden. Man hat den Eindruck, es sei für den Jungen etwas Fremdes, Bedrohliches und vor allem *Unbekanntes,* von dem er aber nicht loskommt, weil das »Verdorbene«, mit Angst und Schuldgefühlen bereits gekoppelt, emotional besetzt ist. Er möchte es in sich »abtöten«:
»Wieder versuchte ich mit innigstem Bemühen, aus Trümmern einer zusammengebrochenen Lebensperiode mir eine ›lichte Welt‹ zu bauen, wieder lebte ich ganz in dem einzigen Verlangen, *das Dunkle und Böse in mir abzutun und völlig im Lichten zu weilen,* auf Knien vor Göttern.« (Hervorhebung von mir – A. M.).
In der Hesse-Ausstellung im Zürcher Helmhaus im Jahre 1977 konnte man ein Bild sehen, mit dem der kleine Hermann großgeworden ist, weil es über seinem Bett hing.
Auf der rechten Seite sieht man den »guten« Weg in den Himmel, voll Dornen, Unannehmlichkeiten und Leiden. Auf der linken Seite liegt der angenehme, lustvolle Weg, der unweigerlich zur Hölle führt. Dort spielen die Wirtshäuser eine wichtige Rolle – von ihnen wollten wahrscheinlich die frommen Frauen ihre Männer und Söhne mit solchen Drohungen abhalten. Diese Wirtshäuser spielen auch im *Demian* eine wichtige Rolle. Dies ist um so grotesker, als es gar nicht das

Bedürfnis Hesses war, sich in Wirtshäusern zu betrinken, wohl aber, aus der Enge des elterlichen Wertsystems auszubrechen.

Jedes Kind bildet sich Vorstellungen vom Bösen zunächst ganz konkret nach den Verboten, Tabus, Ängsten seines Elternhauses. Es wird einen langen Weg gehen müssen, bis es sich davon befreit hat, bis es *das eigene »Böse«* in sich entdeckt, und es nicht mehr als »verdorben« und »schlecht«, weil triebhaft, erlebt, sondern als eine Seite des Lebendigen, von dem kein Mensch im Grunde frei ist, auch wenn er sich das durch tiefe Verleugnungen einbilden mag. Es ist möglich, daß Hermann Hesse auch die verleugnete, abgespaltene »verdorbene« Welt seines Vaters in der Pubertät leben mußte und sie in den Büchern darzustellen versuchte. Vielleicht ist deshalb vieles in seinen Romanen nicht direkt nachfühlbar, es vermittelt uns aber die Atmosphäre, unter der Hesse als Kind gelitten hat, ohne sich jedoch von ihr befreien zu können, weil er sie bereits sehr früh verinnerlichen mußte. Wie stark Hesses Suchen nach seinem wahren Selbst vom Verlust der Liebesobjekte bedroht war, zeigt die folgende Stelle aus dem *Demian*:

»Aber dort, wo wir nicht aus Gewohnheit, sondern aus eigenstem Antrieb Liebe und Ehrfurcht dargebracht haben, da, wo wir mit eigenstem Herzen Jünger und Freunde gewesen sind – dort ist es ein bitterer und furchtbarer Augenblick, wenn wir plötzlich zu erkennen meinen, daß die führende Strömung in uns von dem Geliebten wegführen will. Da richtet jeder Gedanke, der den Freund und Lehrer abweist, sich *mit giftigem Stachel* gegen unser eigenes Herz, da trifft jeder Hieb der Abwehr *ins eigene Gesicht*. Da tauchen dem, der eine gültige Moral in sich selber zu tragen meinte, die Namen ›Treulosigkeit‹ und ›Undankbarkeit‹ wie *schändliche Zurufe und Brandmäler* auf, da flieht das *erschrockene Herz angstvoll* in die *lieben Täler der Kindheitstugenden zurück* und kann nicht daran glauben, daß auch dieser Bruch getan, daß auch dieses Band zerschnitten werden muß.«

Und in der *Kinderseele* heißt es:

»Wenn ich alle die Gefühle und ihren qualvollen Widerstreit auf ein *Grundgefühl* zurückführen und mit einem einzigen Namen bezeichnen sollte, so wüßte ich kein anders Wort als: Angst. Angst war es, Angst und Unsicherheit, was ich in allen jenen Stunden des gestörten Kinderglücks empfand: *Angst vor Strafe, Angst vor dem eigenen Gewissen, Angst vor Regungen meiner Seele, die ich als verboten und verbrecherisch empfand.*« (Hervorhebungen von mir – A. M.)

In der Erzählung *Kinderseele* schildert Hesse mit viel Zartheit und Verständnis die Gefühle eines elfjährigen Knaben, der aus dem Zimmer seines geliebten Vaters einige trockene Feigen gestohlen hat, um etwas, das dem Vater gehörte, ganz nahe bei sich zu haben. Schuldgefühle, Angst und Verzweiflung quälen ihn in seiner Einsamkeit und werden schließlich von tiefster Demütigung und Scham abgelöst, sobald die »böse Tat« aufgedeckt wird. Daß es sich hier um eine reale Begebenheit aus Hesses eigener Kindheit handelt, läßt uns die Kraft dieser Darstellung vermuten. Diese Vermutung wird zur Gewißheit dank einer Aufzeichnung seiner Mutter vom 11. November 1889: »Hermanns Feigen*diebstahl entdeckt*!« (A. M.)

Aus den Tagebuchaufzeichnungen der Mutter und aus dem umfangreichen Briefwechsel beider Eltern mit verschiedenen Familienmitgliedern, der seit 1966 vorliegt, läßt sich der Leidensweg des kleinen Jungen erraten. Wie so viele seinesgleichen war Hesse nicht trotz, sondern *wegen* seines inneren Reichtums für seine Eltern so schwer zu ertragen. Es geschieht oft, daß die Begabungen eines Kindes (Intensität der Gefühle, Erlebnistiefe, Neugier, Intelligenz und Wachheit, die natürlich Kritik einschließt) seine Eltern mit Konflikten konfrontieren, die diese seit langem mit Regeln und Vorschriften abzuwehren suchten. So müssen diese Vorschriften auf Kosten der Entwicklung des Kindes gerettet werden. Und nun kommt es zu der scheinbar paradoxen Situation, daß auch Eltern, die auf ihr begabtes Kind stolz sind und es sogar bewundern, aus ihrer eigenen Not heraus gerade *das Beste,* weil das Echteste in ihm, ablehnen, unterdrücken oder sogar zerstören müssen. Zwei Äußerungen der Mutter von Hermann Hesse mögen illustrieren, wie sich dieses Zerstörungswerk mit einer »liebevollen« Besorgtheit vereinen läßt:

1. (1881): »Hermann geht in die Kinderschule; sein heftiges Temperament macht uns viel Not« (1966, S. 10). Das Kind ist dreijährig.

2. (1884): »Mit Hermännle, dessen Erziehung uns so viel Not und Mühe machte, geht es nun entschieden besser. Vom 21. Januar bis 5. Juni war er ganz im Knabenhaus und brachte bloß die Sonntage bei uns zu. Er hielt sich dort brav, aber bleich und mager und *gedrückt kam er heim. Die Nachwirkung war entschieden eine gute und heilsame.* Er ist *jetzt viel leichter zu behandeln«* (A. M.) (1966, S. 13/14). Das Kind ist jetzt siebenjährig.

Noch früher (14. November 1883) schreibt der Vater, Johannes Hesse: »Hermann, der im Knabenhaus fast für ein Tugendmuster gilt, ist zuweilen *kaum zu haben.* So demütigend es *für uns* (! A. M.) wäre, ich besinne mich doch ernstlich, ob wir ihn nicht in *eine Anstalt* oder in *ein fremdes Haus* geben sollten. Wir sind zu nervös, zu schwach für ihn und das ganze Hauswesen nicht genug diszipliniert und regelmäßig. Gaben hat er scheint's zu allem: er beobachtet den Mond und die Wolken, phantasiert lang auf dem Harmonium, malt mit Bleistift und Feder ganz wunderbare Zeichnungen, singt wenn er will ganz ordentlich, und an Reimen fehlt es ihm nie. (A. M.) (Vgl. Hermann Hesse, *Kindheit und Jugend* ... 1966, S. 13.)

Mit dem stark idealisierten Bild seiner Kindheit und seiner Eltern, dem wir im *Hermann Lauscher* begegnen[3], hat Hesse das originelle, rebellische, »schwierige« und für seine Eltern unbequeme Kind, das er einst gewesen war, verlassen. Er konnte diesem wichtigen Stück seines Selbst keine Heimat in sich geben, mußte es vertreiben. Vielleicht blieb deshalb seine große, echte Sehnsucht nach dem wahren Selbst unerfüllt.

Daß es Hermann Hesse weder an Mut, Talent, noch an Erlebnistiefe gefehlt hat, zeigen seine Werke und manche seiner Briefe, vor allem der unvergeßliche Brief aus Stetten. Aber die Ant-

3 »Wenn jetzt noch die Kindheit zuweilen an mein Herz rührt, so ist es als ein goldgerahmtes, tieftöniges Bild, an welchem vornehmlich eine Fülle laubiger Kastanien und Erlen, ein unbeschreiblich köstliches Vormittagssonnenlicht und ein Hintergrund herrlicher Berge mir deutlich wird. Alle Stunden meines Lebens, in welchen ein kurzes, weltvergessenes Ruhen mir vergönnt war, alle einsamen Wanderungen, die ich über schöne Gebirge gemacht habe, alle Augenblicke, in welchen ein unvermutetes kleines Glück oder eine begierdelose Liebe mir das Gestern und Morgen entrückte, weiß ich nicht köstlicher zu benennen, als wenn ich sie mit diesem grünen Bilde meines frühesten Lebens vergleiche.« (*Ges. Werke* 1, 1970, S. 218)

wort seines Vaters auf diesen Brief (vgl. 1966), die Aufzeichnungen der Mutter und die oben zitierten Stellen aus dem *Demian* und der *Kinderseele* halten uns vor Augen, wie stark ihm das erdrückende Gewicht seiner Introjekte zum Schicksal geworden ist. Trotz großem Echo, Erfolg und Nobelpreis litt Hesse in seinen reifen Jahren an dem tragischen, schmerzhaften Gefühl des Getrenntseins von seinem wahren Selbst, das die Ärzte kurz als Depression bezeichnen.

IV. Die Mutter der ersten Lebensjahre als Medium der Gesellschaft

Würden wir einem Patienten sagen, daß seine Perversion in einer anderen Gesellschaft gar kein Problem wäre, weil unsere Gesellschaft krank sei, Einengungen bewirkt und Zwänge aufstellt, dann wäre das zwar z. T. wahr, würde aber dem Patienten nicht viel helfen, denn er würde sich als geschichtliches, einmaliges Wesen übergangen und mißverstanden fühlen. Seine wirkliche Tragik wäre durch diese Deutung vielleicht sogar bagatellisiert. Denn was verstanden werden muß, ist sein Wiederholungszwang und die dahinter liegende Konstellation, die sich in ihm kundgibt. Sie ist durch gesellschaftliche Zwänge entstanden, aber diese haften in der Psyche nicht als abstraktes Wissen, sondern sind in ihr durch die frühesten affektiven Erlebnisse des Kindes mit seiner Mutter verankert. Deshalb lassen sie sich nicht mit *Worten,* sondern lediglich durch *Erlebnisse* auflösen und zwar nicht nur durch korrigierende des Erwachsenen, sondern vor allem durch Erlebnisse der ganz frühen Angst vor der Verachtung der *heißgeliebten* Mutter und der darauf folgenden Gefühle von Empörung und Trauer. Bloße Worte, seien es die geschicktesten Deutungen, belassen oder vertiefen die Spaltung.

Aus diesem Grund kann man wohl kaum einen Patienten von der Grausamkeit seiner Introjekte dadurch befreien, daß man ihm zeigt, wie absurd, ausbeuterisch und pervers die »Gesellschaft« sei, die unsere Neurosen oder Perversionen verursacht, auch wenn dieser Satz stimmt. Freuds Patientin Dora erkrankte an der sexuellen Verlogenheit dieser Gesellschaft, die sie damals nicht durchschauen konnte. Das, was wir selbst durchschauen, macht uns nicht krank, es kann in uns Empörung, Zorn, Trauer oder Ohnmachtsgefühle wecken. Was uns krank macht, ist das Undurchschaubare, die Zwänge der Gesellschaft, die wir durch die Mutteraugen in uns aufgenommen haben und die wir durch keine Lektüre oder Bildung loswerden können. Oder anders ausgedrückt: Unsere Patienten sind intelligent, sie lesen in Zeitungen und Büchern über die Absurdität der Rüstung, die Ausbeutung des Kapitals, die Verlogenheit der Diplomatie, die Arroganz und

Manipulation der Macht, die Anpassung der Schwachen, die Ohnmacht des Einzelnen und machen sich darüber ihre Gedanken. Was sie aber nicht sehen, weil sie sie *nicht sehen können,* ist die Absurdität ihrer geliebten Mutter zur Zeit, *als sie noch ganz kleine Kinder waren.* Diese Haltung der Eltern kann man nicht erinnern, weil man damals ein Stück von ihnen war; in der Analyse kann die einstige Interaktion erlebt und damit können die elterlichen Zwänge langsam besser durchschaubar werden.

Eine politische Tätigkeit kann aus diesem unbewußten Zorn des mißbrauchten, gefangenen, ausgebeuteten, eingeengten, dressierten Kindes gespeist werden. Im Kampf gegen Institutionen kann dieser Zorn zum Teil abgeführt werden, ohne daß die Idealisierung der eigenen konkreten Mutter aus der frühen Kindheit aufgegeben werden muß. Die alte Hörigkeit wird dann auf neue Objekte verschoben. Kann aber die Desillusionierung und die darauffolgende Trauer in der Analyse erlebt werden, so führt das gewöhnlich nicht zu einem sozialen oder politischen Desengagement, sondern lediglich zur Befreiung des Handelns vom Wiederholungszwang.

Die innere Notwendigkeit, immer neue Illusionen und Verleugnungen aufzubauen, um die eigene Wahrheit nicht zu erleben, verschwindet, wenn diese Wahrheit einmal erlebt wurde. Wir sehen dann, daß wir das ganze Leben etwas gefürchtet und abgewehrt haben, was gar nicht mehr passieren kann, weil es bereits *passiert ist* und zwar am Anfang unseres Lebens, als wir wehrlos waren. Ähnlich verhält es sich mit der Kreativität. Ihre Voraussetzung ist die Trauerarbeit und nicht, wie noch oft angenommen wird, die Neurose. Viele Künstler glauben bekanntlich, daß ihnen die Analyse (die Mutter?) das Schöpferische »nehmen« würde.

Nehmen wir an, ein Analytiker versucht, dem Patienten seine Schuldgefühle auszureden, indem er sein strenges Überich auf die Normen der Gesellschaft zurückführt, die im Dienste bestimmter Kapitalinteressen stehen. Diese Deutung ist nicht falsch. Die »Gesellschaft« übt nicht nur die Unterdrückung der Triebwünsche aus, sondern (und dies vor allem!) die Unterdrückung bestimmter Gefühle (wie z. B. Zorn) und narzißtischer Bedürfnisse (nach Achtung, Spiegelung, Respekt), deren Zulassung beim Erwachsenen und deren Erfüllung bei Kindern zur individuellen Eigenständigkeit und emotionalen Stärke führen würde und insofern den Interessen der Machthaber unzuträglich wäre. Aber diese Unterdrückung und der Zwang zur Anpassung beginnen nicht erst im Büro, in der Fabrik oder in der Partei, sondern bereits in den ersten Lebenswochen. Sie werden später internalisiert und verdrängt und bleiben deshalb, ihrem Wesen nach, jeder Argumentation unzugänglich. Denn am Wesen der Anpassung oder Hörigkeit ändert sich nichts, wenn nur ihr Objekt ausgetauscht wird.

Es kann eine therapeutische Wirkung (in Form vorübergehender Besserung) erreicht werden, wenn das strenge Überich des Patienten durch ein tolerantes des Analytikers »ersetzt« werden kann. Aber der Sinn der Analyse ist ja nicht, das Schicksal des Patienten korrigieren zu wollen, sondern ihm die Begegnung *mit seinem eigenen* Schicksal und die Trauer darüber zu ermöglichen. Der Patient muß *seine Eltern* der ersten Jahre bei uns in der Übertragung und *in sich* finden können, um die unbewußte Manipulation und die ungewollte Verachtung der Eltern bewußt zu erleben und davon freizuwerden. Solange er mit dem toleranten Ersatz-Überich seines Analytikers auskommen muß, bleibt das verachtende Introjekt in ihm trotz seines besseren Wissens und Wollens unverändert, weil im Unbewußten verborgen. Es wird sich zwar in den Beziehungen des Patienten zu den anderen Menschen und zu sich selber zeigen und ihn quälen, aber jeder Verarbeitung unzugänglich sein. Die unbewußten Inhalte bleiben unverändert und zeitlos, wie Freud sagte. Erst im Bewußtwerden liegt der Ansatz zur Veränderung.

V. Die Einsamkeit des Verachtenden

Die Verachtung des narzißtisch gestörten Patienten, auf die Kernberg mit großem Nachdruck hinweist, mag in der Lebensgeschichte verschiedene Vorläufer haben, so z. B. die »dummen kleinen Geschwister«, oder die verständnislosen ungebildeten Eltern, aber ihre gemeinsame *Funktion* ist die *Abwehr der unerwünschten Gefühle*. Die Verachtung für die kleinen Geschwister verbirgt oft den *Neid* auf sie, wie die Verachtung für die Eltern manchmal hilft, den *Schmerz*, daß man sie nicht idealisieren konnte, von sich fernzuhalten. Die Verachtung kann aber auch andere Gefühle schützen und verliert ihre Funktion, wenn diese Gefühle erlebt werden können, so z. B. die *Scham* über die unbeantwortete Werbung um den gegengeschlechtlichen wie die Insuffizienzgefühle in der *Rivalität* mit dem gleichgeschlechtlichen Elternteil und vor allem die *narzißtische Wut* über die *Nichtverfügbarkeit* des Objektes. Solange man verachtet und die Leistung überbewertet (»er kann nicht, was *ich kann*«), muß man nicht die *Trauer* erleben, daß man nicht ohne Leistung geliebt worden ist. Aber durch die *Vermeidung dieser Trauer* bleibt man in der Tiefe selber *der Verachtete*. Denn alles, was in mir nicht großartig, gut und gescheit ist, muß ich *verachten*. Somit perpetuiere ich intrapsychisch die Einsamkeit der Kindheit: ich verachte die Ohnmacht, die Schwäche, die Unsicherheit, kurzum das hilflose Kind in mir und im Andern.

Selten bringt der Patient seine Verachtung für den Analytiker am Anfang der Behandlung direkt zum Ausdruck. Seine Verachtung bezieht sich zunächst bewußt auf andere Personen. Er meint z. B.: »Ich brauche keine kindlichen Gefühle, die sind gut für die kleinen Geschwister, weil die nicht meinen Verstand haben. Es ist ja sowieso sentimentales Zeug, lächerlich. Ich bin erwachsen, kann denken und handeln, kann Änderungen in meiner Umwelt bewirken, brauche keine Ohnmacht zu erleben, keine Hilflosigkeit, keine Abhängigkeit. Sollte ich Ängste erleben, so kann ich etwas dagegen tun oder versuchen, sie intellektuell zu verstehen. Mein Intellekt ist mein zuverlässigster Begleiter.«

Nun, das sieht alles so gut aus. Aber der Analysand kam in Analyse, weil er sich trotz oder gerade wegen seiner so klaren Überlegenheit irgendwie einsam fühlt, unter Kontaktstörungen, vielleicht unter Zwängen oder Perversionen leidet. Hat die Analyse einmal ihren Lauf genommen, dann stellt es sich heraus, wie sehr ihn diese Verachtung vor seinen Gefühlen geschützt hat.

Es kommt vor, daß Gefühle der Verachtung für den Analytiker bereits sehr früh auftauchen, aber zu verarbeiten sind sie erst, wenn der Analysand den breiteren Boden seiner ganzen Gefühlswelt gefunden hat, auf dem er nun seine Ambivalenz austragen und ertragen kann. Dann aber ist es entscheidend, daß sich der Analytiker nicht durch Kränkungen provozieren läßt, dem Patienten seine Überlegenheit zu demonstrieren. Die von Kernberg beschriebene ubiquitäre Verachtung des grandiosen Erfolgsmenschen enthält immer die Verachtung des eigenen wahren Selbst. Denn sie besagt doch: ohne diese Qualitäten, die ich da aufzuweisen habe, *ist man wertlos.* Und das heißt weiter: ohne diese Leistungen, ohne diese Gaben könnte ich niemals geliebt werden, wäre ich nicht geliebt worden. So bleibt das kleine, hilflose, ohnmächtig den anderen ausgelieferte, aber auch das unbequeme oder schwierige Kind verachtet. Die Grandiosität garantiert das Fortbestehen der Illusion: ich wurde geliebt.

Menschen, die in ihrem grandiosen falschen Selbst diese Sicherheit spielen müssen, weil sie sie brauchen, werden von narzißtisch Gestörten mit vorherrschend depressiver Struktur entweder beneidet oder bewundert, während umgekehrt die letzteren von den ersten verachtet werden. Doch es läßt sich da keine Typologie aufstellen, weil Grandiosität und Depression im Grunde die gleiche Not ausdrücken.

Sobald aber die Trauer über das Irreversible auftritt, verschwindet regelmäßig die Verachtung. Auch sie diente ja der Verleugnung der vergange-

nen Realität auf ihre Weise. Denn schließlich ist es weniger schmerzhaft zu denken, man werde nicht verstanden, weil der andere zu dumm dafür sei. Dann kann man sich noch anstrengen, ihm das zu erklären. Es ist der Vorgang, den Kohut beschreibt, wenn die *Idealisierung* des Selbstobjektes nicht gelingt und das *grandiose Selbst* besetzt werden muß. Zumindest in der Phantasie gibt es einen Ausweg. Durch die Grandiosität (die eigene) wird ja noch die *Macht an sich* gerettet und die Illusion der Verständigung (»wenn ich mich nur richtig ausdrücke«) wird aufrechterhalten.[4]
Wird aber diese Anstrengung aufgegeben, so muß man erleben, wie wenig auf der anderen Seite da war und wieviel man selber in alles hineinlegte (vgl. S. 135). Man muß erleben, daß das Verständnis *an sich nicht möglich* war, weil die Prägung durch das Schicksal und durch die eigene Kindheit bei jedem Menschen anders ist. Viele Eltern werden beim besten Willen ihr Kind nicht immer verstehen können, weil sie durch ihre eigenen Erlebnisse mit ihren Eltern geprägt und in einer anderen Generation aufgewachsen sind. Es ist schon viel, wenn sie bei ihrem Kind dessen *Gefühle respektieren*, auch wenn sie sie nicht verstehen

4 Erschütternde Beispiele dafür sind u. a. Werke von van Gogh oder vom Schweizer Maler Max Gubler, die mit allen ihnen zur Verfügung stehenden Mitteln so großartig und so vergeblich um das Verständnis ihrer Mütter warben.

können. Doch dieses »es war nicht möglich« ist kein verächtliches, sondern ein versöhnendes Wissen, das schwer zu erringen ist. Ein ausführliches Beispiel mag das illustrieren.

Ein Patient, der wegen ihn quälenden Zwängen eine zweite Analyse aufsuchte, träumte sich immer wieder mal auf einem Aussichtsturm, der am Rande einer von ihm geliebten Stadt auf einem Sumpfgebiet stand. Von dort aus genoß er einen Überblick über diese Stadt, aber er fühlte sich traurig und verlassen. In dem Turm war ein Lift, und im Traum ergaben sich oft Schwierigkeiten mit der Eintrittskarte oder Hindernisse auf dem Hinweg zum Turm. In Wirklichkeit hat diese Stadt keinen solchen Turm, aber er gehörte eindeutig zur Traum-Landschaft des Patienten und war ihm gut bekannt. Der phallische Sinn dieses Traumes wurde in seiner früheren Analyse berücksichtigt, es war auch sicher nicht falsch, diesen Aspekt zu sehen, aber es genügte offenbar nicht, denn der Traum wiederholte sich auch später mit ähnlichen Gefühlen von Verlassenheit. Die Deutungen der Triebkonflikte waren völlig wirkungslos geblieben, die zwangsneurotische Symptomatik hatte ihre Resistenz behalten.

Erst nachdem sich vieles in der Analyse geändert hatte, bekam auch dieser Traum neue Varianten und verwandelte sich schließlich entscheidend. Zunächst war der Patient überrascht, daß er einmal träumte, er besäße zwar bereits die Eintrittskarte, aber der Turm sei abgebaut worden, es gäbe keine Übersicht mehr. Hingegen sah er eine Brücke, die dieses Sumpfgebiet mit der Stadt verband. Er konnte so zu Fuß in die Stadt gehen und sah »nicht alles«, aber »einiges aus der Nähe«. Der Patient, der an einer Liftphobie litt, war irgendwie erleichtert, denn die Liftfahrt im Traum hatte ihm ja auch erhebliche Angst gemacht. Er meinte zu dem Traum, er sei vielleicht nicht mehr darauf angewiesen, immer den Überblick zu behalten, alles zu übersehen, oben zu sein, klüger als die anderen usw. Er könne jetzt ganz gewöhnlich zu Fuß gehen.

Um so überraschter war der Patient, als es sich gegen Ende der Analyse ergab, daß er in einem Traum plötzlich wieder in diesem Turmlift saß und wie in einem Sessellift hochgezogen wurde, ohne irgendeine Angst dabei zu fühlen. Er genoß die Fahrt, stieg oben aus, und es war seltsam, da war ein buntes Leben um ihn herum, es war eine Hochebene, von der man zwar noch den Blick auf die Täler hatte, aber da oben war auch eine Stadt, auf der Straße ein Bazar mit bunten Waren, ein Schulhaus, wo Kinder Ballett übten und er mitmachen durfte (das wäre sein Kinderwunsch gewesen), Gruppen von diskutierenden Menschen, mit denen er zusammensaß und sprach. Er fühlte sich in diese Gemeinschaft integriert als der, der er war. Dieser Traum hat ihn sehr beeindruckt und beglückt, und er meinte: »Meine früheren Turmträume zeigten doch immer meine Isolierung und Einsamkeit. Zu Hause war ich als Ältester meinen Geschwistern immer voraus, meine Eltern waren mir intellektuell nicht gewachsen, mit allen geistigen Belangen war ich allein (die geliebte Stadt mit dem Turm war auch ein geistiges Zentrum von Europa). Ich mußte mein Wissen einerseits demonstrieren, um endlich ernstgenommen zu werden, und es zugleich verbergen, damit die Eltern nicht sagten: ›Dein Studium ist dir in den Kopf gestiegen. Hältst du dich für besser als die Anderen, weil du die Möglichkeit hattest zu studieren? Ohne Mutters Opfer und die schwere körperliche Arbeit deines Vaters wärest du nie dazu gekommen.‹ Das machte mir Schuldgefühle, und ich wollte meine Andersheit, meine Interessen, meine Begabung verbergen. Ich wollte so sein wie die anderen. Aber damit war ich mir doch untreu gewesen.« Also suchte der Patient seinen Turm, kämpfte mit Hindernissen (Weg, Eintrittskarte, Angst, usw.) und wenn er oben, d. h. klüger als die anderen, war, fühlte er sich allein und verlassen.

Es gehört zu bekannten und üblichen Widersprüchen, daß Eltern diese (aus ihrem Neid sehr gut verständliche) Haltung der Mißgunst und Rivalität dem Kinde gegenüber einnehmen, es aber zugleich zur höchsten Leistung anspornen und auf seine Erfolge (identifikatorisch) stolz sind. So *mußte* der Patient seinen Turm suchen und mußte auch seine Hindernisse haben. In der Analyse erlebte er die Revolte gegen den Leistungsdruck, und der Turm verschwand im ersten Traum. Er konnte die grandiose Phantasie aufgeben, *alles* von oben zu sehen und durfte sich den Dingen in »seiner geliebten Stadt« (in seinem Selbst) nähern. Der zweite Traum kam, als es ihm zum ersten Mal gelungen war, sich in einem künstlerischen Beruf zu artikulieren und zu erleben und ein lebendiges Echo darauf zu bekommen. Er fand diesmal nicht mehr die gefürchteten neidischen und stolzen Elternfiguren, sondern echte Partner in einer Gruppe. Damit endete nicht nur sein »Turm«-Dasein, sondern fast gleichzeitig das Gefühl der Verachtung für andere, die nicht so gescheit und nicht so schnell (z. B. in seinem ersten, hochspezialisierten intellektuellen Beruf) waren.

Erst jetzt wurde es ihm klar, wie er sich in der Verachtung *von den Anderen* hatte *isolieren* müssen und zugleich von seinem *wahren Selbst* (mindestens dem hilflosen, unsicheren Teil) *isoliert* und getrennt gewesen war. Die Integrierung dieser Seite seiner Persönlichkeit verhalf ihm zu einem sehr gewagten und sehr beglückenden Berufswechsel. Und nun, nach fünf Jahren Analyse, erlebte der Patient sein ödipales Schicksal in einer Gefühlsintensität und Farbigkeit, die wohl niemand früher je in diesem verachtenden, distanzierten und zwanghaft intellektualisierenden Menschen vermutet hätte.

VI. Befreiung von den verachtenden Introjekten

Die sexuelle Perversion und die Zwangsneurose sind nicht die einzigen Möglichkeiten, die Tragik des ersten Verachtetseins zu perpetuieren. Es gibt unzählige Formen, in denen man sie in feinen Nuancen beobachten kann. Die narzißtische Wut des Kindes über die Nichtverfügbarkeit der Mutter, über die Ablehnung der Teile seines Selbst findet den Ausdruck zunächst in der gleichen Form, in der sich das Kind von der Mutter abgelehnt fühlte.

Das ahnungslose Weitergeben der eigenen kindlichen Diskriminierung hat verschiedene Gesichter. Es gibt z. B. Menschen, die nie ein lautes oder böses Wort gebrauchen, die nur gut und edel wirken und zugleich einem anderen doch spürbar das Gefühl vermitteln, er sei lächerlich oder dumm oder zu laut, jedenfalls zu gewöhnlich im Vergleich mit ihnen. Sie wissen es nicht und wollen es ganz bestimmt nicht, aber sie strahlen das aus. Es muß da eine Introjektion der elterlichen Haltung stattgefunden haben, die ihnen nie bewußt wurde. Kinder solcher Eltern haben es in

der Analyse ganz besonders schwer, irgend einen Vorwurf zu formulieren.
Dann gibt es auch Menschen, die sehr freundlich sein können, eine Spur gönnerhaft vielleicht, und in deren Gegenwart man sich wie Luft fühlt. Sie vermitteln einem das Gefühl, daß nur sie existieren, nur sie etwas Interessantes oder Relevantes zu sagen haben. Die andern können nur dastehen und sie fasziniert bewundern oder sich enttäuscht und traurig über ihre eigene Nichtigkeit abwenden, aber sie können sich nicht neben ihnen artikulieren. So mag es Kindern von grandiosen Eltern gegangen sein, mit denen zu rivalisieren das Kind keine Chance hatte, und diese Atmosphäre vermitteln sie als Erwachsene ihrer Umwelt ganz unbewußt weiter.
Anders wirken Menschen, die als Kinder ihren Eltern intellektuell weit überlegen waren und von den Eltern deswegen zwar bewundert, aber auch mit ihren Problemen allein gelassen wurden, weil die Eltern ihnen nicht gewachsen waren. Diese Menschen können einem zwar das Gefühl von Potenz vermitteln, aber auch die Aufforderung, jede aufsteigende Ohnmacht mit intellektuellen Mitteln abzuwehren. In ihrer Gegenwart fühlt man sich in seiner Not nicht gesehen, so wie sie selbst von ihren Eltern, für die sie immer stark sein mußten, nicht mit ihrem Kummer gesehen wurden.

Von daher ist es auch zu begreifen, daß es Professoren gibt, die durchaus fähig wären, sich klar auszudrücken, und die doch ihre Gedanken in einer so komplizierten, entfremdeten Sprache bringen müssen, daß der Student sie sich nur in einer Mischung von Ärger und Fleiß aneignen kann, ohne damit etwas anfangen zu können. Möglicherweise wird der Student dabei Gefühle erleben, die seine Lehrer als Kinder bei ihren Eltern unterdrücken mußten. Falls die Studenten selber einmal Lehrer werden, bekommen sie Gelegenheit, ihren Schülern dieses unbrauchbare Wissen als große Kostbarkeit (weil es so viel *gekostet* hat) weiterzugeben.

Es ist für den Erfolg der analytischen Arbeit eine Hilfe, wenn dem Patienten das in ihm agierende *innere Objekt zum Erlebnis* wird. Dies ist auch die Voraussetzung der Trennung vom Introjekt. Dazu ein Beispiel: Eine Patientin beginnt zu einem bestimmten Zeitpunkt der Analyse plötzlich, ihrer zehnjährigen, sehr intelligenten Tochter bei den Schulaufgaben zu helfen, obwohl diese bisher überhaupt keine Schwierigkeiten hatte, den Stoff alleine zu verarbeiten. Das bewußte Motiv ist ein angeblicher allgemeiner Ratschlag des Lehrers am Elternabend. Das Kind verliert in kurzer Zeit seine Spontaneität im Lernen, wird unsicher und bekommt tatsächlich auch Schwierigkeiten mit den Schulleistungen. Nun gibt es auch der Mutter die volle Berechtigung, es weiter bei den Aufgaben zu kontrollieren. Die Mutter der Patientin, eine Lehrerin, war sehr stolz auf ihre pädagogischen Talente. Wie sie sich ausdrückte, konnte sie »aus jedem Kind etwas machen«. Sie gehörte zu den unsicheren Müttern, die den Kindern am liebsten noch das Sprechen und Gehen beibringen würden. Das wußten wir bereits, denn in der Übertragung hatte die Patientin mehrmals ihre Mutter in mir erlebt und oft phantasiert, es ginge mir nicht um sie, sondern in erster Linie um meinen Erfolg und die Bestätigung meiner selbst, wenn ihre Analyse reüssierte. Anschließend erinnerte sie und erlebte in Träumen Szenen mit ihrer Mutter, die ihre Ahnungen bestätigten. Aber das genügte noch nicht. Die Patientin mußte ihre Mutter noch in sich entdecken, mußte erleben, wie sie – völlig unrealistisch – eine große Angst entwickelt hatte, ihr Kind würde sie als Mutter vor dem Lehrer kompromittieren. Sie haßte in sich diesen Zwang, in das Leben ihrer Tochter einzugreifen, den sie als etwas Fremdes in sich erlebte, und doch konnte sie es nicht lassen, mit ihrem Kontrollzwang fortzufahren. Schließlich halfen ihr Träume, in denen sie sich in der Nachkriegszeit, in der Situation ihrer Mutter erlebte. Sie konnte sich nun vorstellen, wie sich ihre Mutter damals, jung verwitwet, allein mit der Tochter durchzuschlagen hatte und angeblich gegen die

»öffentliche Meinung«, sie vernachlässige das Kind, weil sie berufstätig war, ankämpfen mußte. Ihr einziges Kind, meine Patientin, mußte um so perfekter sein. Die familiäre Konstellation war aber nun bei der Tochter völlig anders. Und der Kontrollzwang über das Kind verschwand, als ihr diese Unterschiede zum Erlebnis wurden. »Ich bin ein anderer Mensch und habe ein anderes Schicksal als meine Mutter«, sagte sie einmal. Und anschließend haben nicht nur die Lehrer, sondern auch ihr Ehemann und die Nachbarinnen »von selbst« aufgehört, ihr »gute Ratschläge« zu geben und verkappte Vorschriften zu machen.

In jeder Analyse gibt es Momente, in denen lange zurückgehaltene eigene Ansprüche, Ängste, Ärger, Kritik oder Neid zum ersten Mal zum Durchbruch kommen. Mit einer verblüffenden Regelmäßigkeit kommen diese Regungen in einem Gewand, das vom Analysanden am wenigsten erwartet, ja sogar sein ganzes Leben lang am meisten abgelehnt und gefürchtet wurde (vgl. S. 38). Bevor sich die eigene Form der Kritik entwickeln kann, kündigt sie sich zunächst im verhaßten Vokabular oder in der nörgelnden Art des Vaters an. Und die bisher verdrängte Ängstlichkeit muß sich z. B. ausgerechnet in den »lästigen« hypochondrischen Befürchtungen der Mutter anmelden. Es ist, als ob das »Böse«, das, worunter man am meisten gelitten hat und das man immer vermeiden wollte, nun in einem selbst entdeckt werden muß, damit man sich damit versöhnen kann. Vielleicht gehört es auch zur unendlichen Trauerarbeit, diese persönliche Prägung als schicksalhaft anzunehmen, um wenigstens teilweise von ihr freizuwerden.

Hat der Patient dank der emotionalen Verarbeitung der Kindheit seine Lebendigkeit wiedergewonnen, ist das eigentliche Ziel erreicht. Es muß dem Patienten überlassen werden, ob er einer geregelten Arbeit nachgehen will oder nicht, ob er allein oder mit Partnern leben will, ob und in welche politische Partei er eintreten will – das sind seine Entschlüsse. Seine Lebensgeschichte, seine Erlebnisse und Erfahrungen werden dabei eine Rolle spielen. Es ist nicht unsere Aufgabe, ihn zu »sozialisieren«, zu erziehen (auch politisch nicht, denn *jede Erziehung* ist eine *Bevormundung*), oder ihm »Freundschaften zu ermöglichen« – das ist alles seine Sache.

Aber hat der Patient in seiner Analyse wiederholt *bewußt erlebt* (und nicht nur aus Deutungen des Analytikers erfahren), wie er als Kind im ganzen Werk seiner Erziehung manipuliert wurde und welche Vergeltungswünsche das in ihm hinterlassen hat, dann wird er schneller als bisher Manipulationen durchschauen und wird selbst weniger das Bedürfnis haben zu manipulieren. Er wird sich Gruppen anschließen können, ohne ihnen hilflos ausgeliefert oder hörig zu sein, wenn er die Hilflosigkeit und das Ausgeliefertsein in seiner Kindheit in der Übertragung erlebt hat. Er wird weniger in Gefahr kommen, Menschen und Systeme zu idealisieren, wenn er deutlich genug gespürt hat, wie er seinerzeit jedes Wort der Mutter oder des Vaters als die höchste Weisheit erlebt hatte. So kann es geschehen, daß er beim Hören eines Vortrags oder bei der Lektüre eines Buches die gleiche kindliche Faszination und Bewunderung erlebt wie damals, aber gleichzeitig auch schon die dahinter lauernde Leere oder eine menschliche Tragik erblickt und an ihr erschauert. Einem solchen Menschen kann man mit faszinierenden, unverständlichen Worten nichts mehr vormachen, weil er an *Erlebnissen* großgeworden ist. Schließlich wird ein Mensch, der sein eigenes Schicksal in seiner ganzen Tragik bewußt durchlitten hat, auch viel deutlicher und schneller das Leiden des anderen spüren, auch wenn dieser es noch überspielen muß. Er wird über fremde Gefühle, egal welcher Art, nicht spotten können, wenn er die eigenen ernst nehmen kann. Er wird den Teufelskreis der Verachtung nicht mehr weiterdrehen.

Das alles sind nicht Forderungen, die ich auf Grund meiner Wünsche oder meiner Ideologie an den Patienten stelle, sondern schlichte Erfahrungen, die ich mit mir und mit meinen Analysanden gemacht habe und die sich ganz einfach auf die Folgen der wiedergewonnenen Lebendigkeit beziehen.

ZITIERTE WERKE

Abraham, K. (1912): Ansätze zur psychoanalytischen Erforschung und Behandlung des manisch-depressiven Irreseins und verwandter Zustände. In: Abraham, K., Psychoanalytische Studien, Bd. II, 146-162. Frankfurt (S. Fischer) 1971.

Chasseguet-Smirgel, J. (1973): L'Ideal du Moi (XXIIIe Congrès des Psychanalystes de Langues romanes), R. F. P., 5 juin 1973.

Eicke-Spengler, M. (1977): Zur Entwicklung der Theorie der Depression. Psyche, 31, 1077-1125.

Fischer, R. (1976): Die psychoanalytische Theorie der Depression. Psyche, 30., 924-946.

Freud, S. (1914): Erinnern, Wiederholen und Durcharbeiten, Ges. Werke, Bd. X.

Freud, S. (1917): Trauer und Melancholie. G. W. Bd. X.

Ganz, H. (1966): Pestalozzi. Zürich (Origo).

Habermas, J. (1970): Der Universalitätsanspruch der Hermeneutik. In: Kultur und Kritik, Frankfurt/M. 1973 (Suhrkamp).

Hesse, H. (1970): Gesammelte Werke. Frankfurt/M. (Suhrkamp).

Hesse, H. (1966): Kindheit und Jugend vor Neunzehnhundert. Hermann Hesse in Briefen und Lebenszeugnissen 1877-1895. Frankfurt/M. (Suhrkamp).

Jacobson, E. (1971): Depression. Frankfurt/M. (Suhrkamp) 1977.

Joffe, W. und J. Sandler (1965a): Notes on Childhood Depression. Int. J. Psycho-Anal., 46, 88-96.

Joffe, W. und J. Sandler (1965b): Notes on Pain, Depression and Individuation. Psychoanal. Study Child, 20, 394-424.

Kernberg, O. F. (1970): Factors in the Psychoanalytic Treatment of Narcissistic Personalities. J. Amer. Psychoanal. Assn. 18, 51-85.

Khan, M. M. R. (1974): The Privacy of the Self. London (Hogarth Press).

Kohut, H. (1971): Narzißmus. Frankfurt (Suhrkamp) 1973.

Kohut, H. (1973): Überlegungen zum Narzißmus und zur narzißtischen Wut. Psyche, 27, 513–554.

Lavater-Sloman, M. (1977): Pestalozzi. Zürich und München (Artemis).

Mahler, M. (1969): Symbiose und Individuation. Stuttgart (Klett) 1972.

Miller, A. (1971): Zur Behandlungstechnik bei sogenannten narzißtischen Neurosen. Psyche, 25, 641-668.
Müller-Braunschweig, H. (1974): Psychopathologie und Kreativität. Psyche, 28, 600-634.
Nagera, H. (1973): Vincent van Gogh, München (Reinhardt).
Robertson, J. (1975): Neue Beobachtungen zum Trennungsverhalten kleiner Kinder. Psyche, 29, 626-664.
Schafer, R. (1972): Die psychoanalytische Anschauung der Realität. Psyche, 26, 882-898 und 952-971.
Spitz, R. (1967): Vom Säugling zum Kleinkind. Stuttgart (Klett).
Stern, M. M. (1972): Trauma, Todesangst und Furcht vor dem Tod. Psyche, 26, 901-926.
Winnicott, D. W. (1956): Primary Maternal Preocupation. Collected Papers, New York, Basic Books, S. 300-305.
Winnicott, D. W. (1960): The Theory of the Parent Infant Relationship. Int. J. Psycho-Anal. 41, 585-595.
Winnicott, D. W. (1965): Reifungsprozesse und fördernde Umwelt. München (Kindler) 1974.
Winnicott, D. W. (1969): Kind, Familie und Umwelt, München/ Basel (Reinhardt).
Winnicott, D. W. (1971): Vom Spiel zur Kreativität. Stuttgart (Klett) 1973.
Winnicott, D. W. (1973): Die therapeutische Arbeit mit Kindern. München (Kindler).

Nur die Befreiung von pädagogischen Tendenzen führt zu Einsichten in die tatsächliche Situation des Kindes. Diese Einsichten lassen sich in den folgenden Punkten zusammenfassen:

1. Das Kind ist immer unschuldig.
2. Jedes Kind hat unabdingbare Bedürfnisse, unter anderem nach Sicherheit, Geborgenheit, Schutz, Berührung, Wahrhaftigkeit, Wärme, Zärtlichkeit.
3. Diese Bedürfnisse werden selten erfüllt, jedoch häufig von Erwachsenen für ihre eigenen Zwecke ausgebeutet (Trauma des Kindesmißbrauchs).
4. Der Mißbrauch hat lebenslängliche Folgen.
5. Die Gesellschaft steht auf der Seite des Erwachsenen und beschuldigt das Kind für das, was ihm angetan worden ist.
6. Die Tatsache der Opferung des Kindes wird nach wie vor geleugnet.
7. Die Folgen dieser Opferung werden daher übersehen.
8. Das von der Gesellschaft allein gelassene Kind hat keine andere Wahl, als das Trauma zu verdrängen und den Täter zu idealisieren.
9. Verdrängung führt zu Neurosen, Psychosen, psychosomatischen Störungen und zum Verbrechen.
10. In der Neurose werden die eigentlichen Bedürfnisse verdrängt und verleugnet und statt dessen Schuldgefühle erlebt.
11. In der Psychose wird die Mißhandlung in eine Wahnvorstellung verwandelt.
12. In der psychosomatischen Störung wird der Schmerz der Mißhandlung erlitten, doch die eigentlichen Ursachen des Leidens bleiben verborgen.
13. Im Verbrechen werden die Verwirrung, die Verführung und die Mißhandlung immer wieder neu ausagiert.

14. Therapeutische Bemühungen können nur dann erfolgreich sein, wenn die Wahrheit über die Kindheit des Patienten nicht verleugnet wird.

15. Die psychoanalytische Lehre der »infantilen Sexualität« unterstützt die Blindheit der Gesellschaft und legitimiert den sexuellen Mißbrauch des Kindes. Sie beschuldigt das Kind und schont den Erwachsenen.

16. Phantasien stehen im Dienste des Überlebens; sie helfen, die unerträgliche Realität der Kindheit zu artikulieren und sie zugleich zu verbergen bzw. zu verharmlosen. Ein sogenanntes »erfundenes« phantasiertes Erlebnis oder Trauma deckt immer ein reales Trauma zu.

17. In Literatur, Kunst, Märchen und Träumen kommen oft verdrängte frühkindliche Erfahrungen in symbolischen Formen zum Ausdruck.

18. Aufgrund unserer chronischen Ignoranz hinsichtlich der wirklichen Situation des Kindes werden diese symbolischen Zeugnisse von Qualen in unserer Kultur nicht nur toleriert, sondern sogar hochgeschätzt. Würde der reale Hintergrund dieser verschlüsselten Aussagen verstanden, würden sie von der Gesellschaft abgelehnt.

19. Die Folgen eines begangenen Verbrechens werden nicht dadurch aufgehoben, daß Täter und Opfer blind und verwirrt sind.

20. Neue Verbrechen können verhindert werden, wenn die Opfer beginnen zu sehen; damit wird der Wiederholungszwang aufgehoben oder abgeschwächt.

21. Indem sie die im Geschehen der Kindheit verborgene Quelle der Erkenntnis unmißverständlich und unwiderruflich freilegen, können die Berichte Betroffener der Gesellschaft im allgemeinen und insbesondere der Wissenschaft helfen, ihr Bewußtsein zu verändern.

(Aus dem neuen Nachwort zu *Du sollst nicht merken*)

Alice Miller
Am Anfang war Erziehung

suhrkamp taschenbuch 951
322 Seiten

In diesem Buch öffnet uns Alice Miller die Augen über die verheerenden Folgen der Erziehung – die ja nur das Beste für das Kind will. Sie tut das einmal durch eine Analyse der »pädagogischen Haltung« und zum anderen durch die Darstellung der Kindheiten einer Drogensüchtigen, eines politischen Führers und eines Kindesmörders.
Ihr Text vermag es, uns zu einem nicht bloß intellektuellen und entsprechend folgenlosen Wissen, sondern auch zu einem emotionalen Wissen davon zu verhelfen, daß Psychosen, Drogensucht, Kriminalität ein verschlüsselter Ausdruck der frühsten Erfahrungen sind. Für seine Entfaltung braucht ein Kind den Respekt seiner Bezugspersonen, Toleranz für seine Gefühle, Sensibilität für seine Bedürfnisse und Kränkungen, die Echtheit seiner Eltern, deren eigene Freiheit – und nicht erzieherische Überlegungen – dem Kind natürliche Grenzen setzt.

Alice Miller
Du sollst nicht merken

Variationen über das Paradies-Thema
suhrkamp taschenbuch 952
392 Seiten

»Du sollst nicht merken« – nämlich: was dir in deiner Kindheit angetan wurde und was du in Wahrheit selbst tust – ist ein niemals ausgesprochenes, aber sehr früh verinnerlichtes Gebot, dessen Wirksamkeit im Unbewußten des Einzelnen und der Gesellschaft Alice Miller zu beschreiben versucht. Ihre Analyse dieses Gebots führt sie zu einer Kritik der Triebtheorie Freuds; deren gesellschaftliche Hintergründe veranschaulicht sie u. a. durch eine ausführliche Interpretation des »Wolfsmanns«, des berühmten Patienten Freuds, und durch eine Auseinandersetzung mit dem Werk Franz Kafkas, aus der ein neues Kafka-Bild hervorgeht (und implizit eine Theorie menschlicher Kreativität).

Alice Miller
Bilder einer Kindheit

66 Aquarelle und ein Essay
suhrkamp taschenbuch 1158
182 Seiten

Den ersten Zugang zur Wahrheit ihrer frühen Kindheit verdankt Alice Miller dem spontanen Malen, mit dem sie 1973 begann. Diese Entdeckung öffnete der Psychoanalytikerin die Augen für das verborgene Leiden der Kindheit, das im Dienste des Überlebens der Verdrängung anheimfällt. Sie gab ihre Praxis auf, um über langfristige Folgen von Kindesmißhandlungen und deren Verdrängung zu berichten, weil sie die Tendenz des Erwachsenen zur Gewalttätigkeit und Selbstzerstörung auf die totale Verleugnung der einst erlittenen Mißhandlungen zurückführt. Dies verdeutlicht Alice Miller anhand ihrer eigenen Geschichte und ihrer Bilder.

»Feminismus«

Ausgewählte Literatur im Suhrkamp Verlag

Ansprüche. Verständigungstexte von Frauen. Hg.: Eva-Maria Alves. st 887

Bachofen, Johann Jakob: Das Mutterrecht. Hg. H.-J. Heinrichs. stw 135

Becker, Bovenschen, Brackert u. a.: Aus der Zeit der Verzweiflung. Zur Genese und Aktualität des Hexenbildes. es 840

Bovenschen, Silvia: Die imaginierte Weiblichkeit. Exemplarische Untersuchungen zu kulturgeschichtlichen und literarischen Präsentationsformen des Weiblichen. es 921

Brandt, Gisela / Johanna Kootz: Zur Frauenfrage im Kapitalismus. es 581

Chasseguet-Smirgel, Janine (Hg.): Psychoanalyse der weiblichen Sexualität. es 697

Dürkop, Marlis / Gertrud Hardtmann (Hg.): Frauen im Gefängnis. es 916

Familie und Gesellschaftsstruktur. Materialien zu den sozioökonomischen Bedingungen von Familienreformen. Hg. H. Rosenbaum. stw 244

Historische Familienforschung. Herausgegeben von Michael Mitterauer und Reinhard Sieder. stw 387

Feminismus. Ein Handbuch. Hg. L. F. Pusch. es 1192

Frauen, die pfeifen. Hg. R. Geiger, H. Holinka, C. Rosenkranz, S. Weigel. es 968

Gerhard, Ute: Verhältnisse und Verhinderungen. Frauenarbeit, Familie und Recht der Frauen im 19. Jahrhundert. es 933

Goffman, Erving: Geschlecht und Werbung. Mit zahlreichen Illustrationen. Aus dem Amerikanischen von Th. Lindquist. es 1085

Heinsohn, G. / Knieper, R.: Theorie des Familienrechts. es 747
– Menschenproduktion. es 914

Helfer, Ray E. / C. Henry Kempe: Das geschlagene Kind. Einleitung von G. Zenz. Übersetzt von U. Rennert. stw 247

Hört ihr die Kinder weinen. Eine psychogenetische Geschichte der Kindheit. Herausgegeben von Lloyd de Mause. stw 339

Homosexualität und Gesellschaft. Hg. R. Lautmann. stw 200

Honegger, Claudia (Hg.): Die Hexen der Neuzeit. Studien zur Sozialgeschichte eines kulturellen Deutungsmusters. es 743

Irigary, Luce: Speculum. Spiegel des anderen Geschlechts. Deutsch von X. Rajewsky u. a. es 946

75/1/8.84

»Feminismus«

Ausgewählte Literatur im Suhrkamp Verlag

Kindeswohl. Eine interdisziplinäre Untersuchung über seine Verwirklichung in der vormundschaftsgerichtlichen Praxis. Von S. Simitis, L. Rosenkötter, R. Vogel, B. Boost-Muss, M. Frommann, J. Hopp, H. Koch, G. Zenz. stw 292

Kindheit als Fiktion. Berichte von M. Köhler, H. Hengst, B. Riedmüller, M. Wambach. es 1081

Meillassoux, Claude: »Die wilden Früchte der Frau«. Über häusliche Produktion und kapitalistische Wirtschaft. Übersetzt von Eva Moldenhauer. stw 447

Métral, Marie-Odile: Die Ehe. Analyse einer Institution. Mit einem Vorwort von Philippe Ariès. Übersetzt von Max Looser. stw 357

Michelet, Jules: Die Frauen der Revolution. Herausgegeben und übersetzt von Gisela Etzel. it 726

Miller, Alice: Das Drama des begabten Kindes und die Suche nach dem wahren Selbst. st 950

– Am Anfang war Erziehung. st 951

– Du sollst nicht merken. Variationen über das Paradies-Thema. st 952

Mitchell, Juliet: Psychoanalyse und Feminismus. Freud, Reich, Laing und die Frauenbewegung. Übersetzt von Brigitte Stein. Leinen

Prinzhorn, Hans: Gespräch über Psychoanalyse zwischen Frau, Dichter und Arzt. Mit einem Nachwort herausgegeben von B. Urban. st 669

Prokop, Ulrike: Weiblicher Lebenszusammenhang. Von der Beschränktheit der Strategien und der Unangemessenheit der Wünsche. es 808

Pusch, Luise F.: Das Deutsche als Männersprache. Aufsätze und Glossen zur feministischen Linguistik. es 1217

Riedmüller, B. / Kickbusch, J. (Hg.): Die armen Frauen. es 1156

Rosenbaum, Heidi: Formen der Familie. Untersuchungen zum Zusammenhang von Familienverhältnissen, Sozialstruktur und sozialem Wandel in der deutschen Gesellschaft des 19. Jahrhunderts. stw 374

Rossanda, Rossana: Einmischung. Gespräche mit Frauen über ihr Verhältnis zu Politik, Freiheit, Gleichheit, Brüderlichkeit, Demokratie, Faschismus, Widerstand, Staat, Partei, Revolution, Feminismus. Aus dem Italienischen übersetzt von Maja Pflug, Andrea Spingler und Burkhart Kroeber. st 921

Rüpke, Giselher: Schwangerschaftsabbruch und Grundgesetz. Nachwort von Peter Schneider. es 815

Runge, Erika: Frauen. Versuche zur Emanzipation. es 359

75/2/8.84

»Feminismus«

Ausgewählte Literatur im Suhrkamp Verlag

Schlegel, Friedrich: Theorie der Weiblichkeit. Herausgegeben von Winfried Menninghaus. it 679

Schwarzer, Alice: Lohn: Liebe. Zum Wert der Frauenarbeit. es 1225

Weber-Kellermann, Ingeborg: Die deutsche Familie. Versuch einer Sozialgeschichte. st 185

Wesel, Uwe: Der Mythos vom Matriarchat. Über Bachofens Mutterrecht und die Stellung von Frauen in frühen Gesellschaften vor der Entstehung staatlicher Herrschaft. stw 333

Wunderle, Michaela: Politik der Subjektivität. Texte der italienischen Frauenbewegung. es 884

75/3/8.84